いつでも、何度でも 稼げる!
IPO
セカンダリー株投資

柳橋［著］

すばる舎

本書は、株式投資の参考になる情報を提供する目的で作成されています。本書の内容を参考に、実際に各種投資を行って生じたいかなる損害・損失に対しても、著者・出版社・その他関係者は一切の責任を負いません。あらかじめご了承ください。

本書の内容は、2018年1月末時点の状況に則して書かれたものです。発行後、時間が経ってからお読みになっているケースでは、取引ルールなどについて変更がないか、ご自身で確認されることをお勧めします。また、本書内に記載されているURLアドレスは同時点のものであるため、刊行後のアクセスを保証するものではありません。

本文中に登場する企業名、商品名、サービス名などは、一般に商標として登録されています。ただし、本書では煩雑になるのを避けるため™、®表記などは省略しています。同じく、本書では各企業名に含まれる「株式会社」「有限会社」などの部分は、原則として省略して表記しています。

制作に当たっては万全の注意を払っておりますが、万一本書の内容に関する訂正がある場合は、発行元ホームページ（www.subarusya.jp）の「訂正情報」コーナーで訂正箇所を公表いたします。

はじめに

IPO株への投資、本当に抽選だけで満足していますか?

この原稿を書いている2017年末～2018年頭にかけて、日経平均株価はバブル後の高値メドをことごとく上回り、日本の株式市場には世界中の資金が流れ込むことで活況を呈しています。

こういう状況では、新たな企業が株式市場へと上場し、広く株式を売買できるようになる**IPO**(Initial Public Offering:**株式新規公開**)を利用した投資が、否が応でも盛り上がります。

実際に2017年のIPO件数は90と、100件の大台にリーチがかかりました。ITバブルの際の記録203件(2000年)を更新できるのはまだまだ先の話となりそうですが、リーマンショックの際に記録した最低数:19件からは、年を経るごとに着実な復活を遂げています。

この先もしばらくのあいだ、企業のIPO熱が下火になることはないでしょうから、IPOへの投資機会が潤沢な状況が、今後もしばらくは続くことになりそうです。

●公開価格に対する初値の勝敗

	IPO件数	公開価格より高い	公開価格と同値	公募割れ	勝率
2004年	175	165	3	7	94.3%
2005年	158	151	4	3	95.6%
2006年	188	159	9	20	84.6%
2007年	121	89	3	29	73.6%
2008年	49	20	3	26	40.8%
2009年	19	13	2	4	68.4%
2010年	22	10	3	9	45.5%
2011年	36	19	3	14	52.8%
2012年	46	36	0	10	78.3%
2013年	54	52	1	1	96.3%
2014年	77	60	1	16	77.9%
2015年	92	83	1	8	90.2%
2016年	83	67	0	16	80.7%
2017年	90	82	0	8	91.1%

そのＩＰＯ株への投資ですが、ほとんどの方は、新規公開される株の配分を得るために証券会社での抽選に応募する、という形で行っていると思います。

ＩＰＯに先立って、あらかじめ決められた数が一般の投資家に配分される新規公開株は、公開日の寄り付きの株価、つまり「**初値**」ですぐに売るだけでも、かなりの高確率で値上がり益を得られます。

上表を見てもらえばわかるように、相場の状況が好調だった過去5年間で言えば、その平均勝率はなんと8割以上にも昇っています。**公開日より前に新規公開株を入手できれば、非常に高い確率で「勝てる投資」ができる**のです。

しかも、運がよければ、取得した金額の数倍で売れることもあります。人気が集中したＩＰＯ株の抽選に当たれば、初値売りだけで元値の数倍の利益を得られる、といったことも決して珍しくありません。

ローリスクなのに、短期間のうちにハイリターンを狙える投資として、広く人気を集めているのも納得できる話です。

実際、多くの証券会社に口座を開設して抽選への参加回数を増やしたり、裁量による配分を狙ったり（後述）、ＩＰＯに関するポイント制度を導入している証券会社でコツコツと抽選に参加して、当選しやすくなるポイントを貯めたりしている方は少なくないでしょう。

ＩＰＯセカンダリー投資なら何度でも大きな利益を狙える！

ただ、ＩＰＯ株に投資する手法がこれだけだと考えるのは、あまりにもったいなさすぎます。

私自身、抽選や裁量による新規公開株の獲得と、その株の初値売りによって利益を得る手法も実践していますから、この種のＩＰＯ投資法（いわゆる公募投資法）を否定するわけではありません。さまざまな工夫によって、ＩＰＯ株を入手できる確率を引き上げることもできます。

しかし、**抽選・裁量による配分で初値売りを狙うだけでは、大きく儲けられるチャンスが少なすぎます！**

年間で獲得できるＩＰＯの数には、限りがあるからです。

抽選や裁量によって新規公開株の配分を受けられるのは、証券会社への口座開設を行っていて、それなりに大きな資金を預けていたとしても、年に数十回程度が限界です。より一般的には、年に10回も入手できればかなりの幸運と言えます。

少額の投資資金しか証券口座に入れられない場合には、年に1回当選できれば御の字、というケースもざらにあります。

またＩＰＯでは、企業が新たに多くの株主をつくることも目的のひとつになっていますから、たとえ抽選に当選しても、購入できる株数に一定の制限が設けられていることが一般的です。**損をするリスクは小さくても、得られる利益も限定されてしまう**のです。

この問題を解決してくれるのが、**ＩＰＯ株へのセカンダリー投資**です。要するに、新規公開されて、市場で自由に株が売買されるようになってからの投資です。

と言うと、「上場直後のＩＰＯ株は上下の値動きが激しすぎて、その動きも予想ができない。そんなところで勝負をするのは、丁半博打が大好きな、ギャンブル狂いのイナゴトレーダーだけでしょ？」といった感想を抱く人も多いでしょう。

ちなみに「イナゴトレーダー」とは、ネットに流れるウワサでさまざまな銘柄に集まって、気分で短期の売買をしては負け、市場の大事な〝養分〟になってくれる個人投資家の方たちを皮肉ったネットスラングです。

確かにＩＰＯ直後の株価は値動きが大きく、そのスピードも急激なため、一見、無秩序に動いているかのように見えます。ボラティリティが非常に大きいため、一瞬で巨額の利益を得る人もいれば、コーヒーを淹《い》れに5分モニタの前を離れたために大損を抱えてしまった、といった人もいるでしょう。そんなところに大事な資金を投入するなんて、ただのギャンブルと変わらない、と考える人が多いのも無理はありません。

しかし、**ＩＰＯ直後のセカンダリーでの値動きが予想できる**としたらどうでしょう？

それなりの確率で、こういう場合には値上がりすることが多いとか、こういう場合には値下がりすることが多いと事前に予想できるのであれば、**ボラティリティの大きなＩＰＯセカンダリーは「宝の山」に変わります**。

そうです。これまで必勝法と言えるようなノウハウがあまり知られていなかったＩＰＯセカンダリー投資にも、実はいくつものノウハウが存在するのです。しかもその値動きは、みなさんが思っているより、ずっとパターン化されたものなのです。

ルールや仕組みによる偏りを狙う手法なので廃《すた》れにくい

私は、かつて証券会社で働き、そこで企業のＩＰＯがどのように行われるのかを、証券会社の内側から見るという経験に恵まれました。

証券ディーラーとして売買にも直接携わり、その後、携わったネット証券では、さまざまな市場の参加者が、どのような思惑で動いているのかを垣間見る経験もしました。そして少しずつ、ＩＰＯ直後の銘柄を狙う投資手法を確立することに成功したのです。

その後は証券会社を退社して、個人投資家としてＩＰＯ株への投資を実践しています。同時に、個人投資家向けにさまざまな投資情報を提供する「柳橋塾」を主宰するなどしています。

今回、ＩＰＯセカンダリー投資のノウハウの一部を、初めて一般公開したのが本書です。個人投資家の方の多くは勉強好きでもあるため、これまでに多くの投資本を読んできているかと思います。そうした目の肥えた個人投資家の読者のみなさんにも、きっと満足して頂ける内容になっていると自負しています。

ちなみに、**私個人がこのＩＰＯセカンダリー投資法で得た利益は、抽選や裁量による新株の配分を得て、それを上場後に売却する公募投資法によって得た利益の数倍**にもなります。やはりセカンダリー市場での投資手法のほうが、より大きなリターンをもたらしてくれる、ということがわかるはずです。

ときどき、「なぜ、儲けるための手法をわざわざ他人に教えるのですか?」と問われることがあります。

それは私自身が、若い頃にお金に苦労した生活を送ったためです。懸命に努力し、本書でお伝えするようなノウハウを確立することで、いまでは金銭面で苦労することはなくなりましたが、同じような苦労を、ほかの方があえてする必要はないと考えています。

またこれまで、セミナーや主宰している「柳橋塾」などの限定的な形で、ある程度多くの方に自らのノウハウを伝えてきましたが、それでもこの投資手法でのリターンに大きな影響が見られないことから、書籍化して手法を公開しても大丈夫だろう、と考えたのも一因です。

詳しくはこれから解説しますが、私が提唱しているノウハウには、**株式取引のルールや仕組みによって生じる需給の偏りを狙う**ものが多くあります。これらの手法については、たとえその手法が広く知られることになっても、現在のルールや仕組みがガラリと変わらない限り、すぐにリターンが小さくなってしまうことは考えにくいのです。

本書を手にとったみなさん、これも何かの縁です。ぜひ、本書で紹介する投資手法を実践して、経済的な自由や、ちょっとした余裕を手にしてみてはいかがでしょうか。

柳橋

『いつでも、何度でも稼げる！ ＩＰＯセカンダリー株投資』目次

はじめに …… 3

第1章 セカンダリー市場で儲けたければ まずはプライマリー市場を熟知すること！

ＩＰＯの仕組みをおさらいし、ふたつの市場の違いを理解する …… 16

どんな銘柄の初値が上がりやすいか知っておく …… 25

第2章 上場初日～数日以内の ＩＰＯセカンダリー投資必勝法

〝即金規制〟による歪みに着目する「即金規制明け狙い」を試してみよう！ …… 40

「初値買いからの数%抜き」は効果的なデイトレード……51
「公募割れ狙い」なら弱いＩＰＯ銘柄でも利益を取れる……63
「ＩＰＯ集中日の出遅れ銘柄狙い」で確実に儲ける！……72
人気の高いＩＰＯ株で使える「逆指値を活用したストップ高狙い」……80
ＶＣリスクの高さを逆手に取る「ＶＣターゲット狙い」……83

第3章 上場後1週間〜数か月以内のＩＰＯセカンダリー投資でじっくり稼ぐ！

「上場来高値からの下落率に注目する手法」で逆張りスイング投資を極める！……90
「業績の進捗率に注目する方法」で手堅く利益を確保する！……99
「ＩＰＯ空白期のポートフォリオ戦略」で新規上場がない時期にも利益を狙える……110
セカンダリー投資家にとっての重要な祭典「年末年始の持ち越し戦略」……118

第4章 ＩＰＯセカンダリー投資でさらに利益を増やす方法＆考え方

「ＩＲ狙い」でいくなら、自ら動いて可能性を高めるべし！ …… 126
「時価総額に注目する手法」で、いま投資できる銘柄を探す …… 143
「循環物色の波」を意識すれば、いつでも、何度でも投資できる …… 149
資産配分、利益確定、損切りについてはどう考えればよいのか？ …… 160

第5章 ＩＰＯセカンダリー投資【応用編】

東証1部の銘柄は、厳選したうえで「ＴＯＰＩＸ組み入れに先回り」して儲ける …… 164

● 「東証ＲＥＩＴ指数への組み入れ狙い」でＲＥＩＴのＩＰＯも買える！……… 180
● 「ＩＰＯ先取り戦略」でＩＰＯ以外の銘柄も買える！……… 185

第1章

セカンダリー市場で儲けたければまずはプライマリー市場を熟知すること！

ＩＰＯの仕組みをおさらいし、ふたつの市場の違いを理解する

ＩＰＯの詳しい制度をある程度理解していないと、このあとの投資手法の説明をすんなり理解できない可能性があります。よって第1章では、まずはＩＰＯの制度全体についてざっくりと解説していきます（すでにＩＰＯの制度について熟知しているという読者は、この部分は飛ばして頂いてもかまいません）。

そのあとに、「ＩＰＯのセカンダリー市場」の仕組みやポイントについても、詳しく解説していきましょう。

実際の株式上場までにも、多くの取引が行われる

さて、企業が新たに株式を上場して、一般に公開することを「ＩＰＯ」と呼ぶのはすでに前述したとおりです。

・事前準備の段階

このＩＰＯに関する企業側のさまざまな取り組みは、実は証券取引所に実際に株式が上場されるより、かなり前から始まっています。

上場時の審査には過去２～３期分の決算資料が必要とされるほか、社内のコンプライアンス体制の整備なども求められます。そのため、**企業は通常３～５年くらいかけて、ＩＰＯに向けて準備をしていくのが一般的**です。

・上場審査→上場承認の段階

長い時間をかけてそうした準備を進め、いよいよ取引所の審査を通過すると、「**上場承認**」が出されて新規上場が一般に告知され、おおよその上場日なども決まってきます。

・ブックビルディングの段階

証券取引所から上場承認が出ると、その企業からＩＰＯ関連業務の遂行を依頼されている「**主幹事証券会社**」が、複数の機関投資家に対してヒアリングを行って、その企業の株式に対する需要を調査したり、類似企業の株価などと比較したりしたうえで、まずはその会社の株価をいくらくらいで公開するかを仮決定します。

このときのおおよその価格帯を「**仮条件**」と言い、「1000~1250円」といった幅のある形で決定されます。

そしてその後、一定の期間を定めて「**ブックビルディング**（**需要申告**）」を行うのです。多くの投資家に向けて、その企業の株式の上場に向けた仮条件を告知し、仮条件のうちどの値段で、どれくらいの数、その株式を買いたいかを公募するものです。

投資家は、自分ならいくらで、何株くらい買いたいかを証券会社をとおして申告し、企業側では公募で集まった投資家からの申告を集計して、最終的にいくらでその企業の株を公開するかを決定します。

ただし近年では、IPO株への投資が人気を集めていますから、**仮条件の上限価格がそのまま公開価格**（**あるいは**「**公募価格**」）**となる傾向があります**（そうでない場合には、不人気IPO株とイメージされてしまって、上場直後から値下がりするようなこともあります）。

またこのブックビルディングの段階で、公開価格よりも低い価格での購入意思を示していた投資家は、（証券会社にもよりますが）公開価格がその価格よりも高く決まった場合には、その

●IPOの発表から実際の上場までの流れ

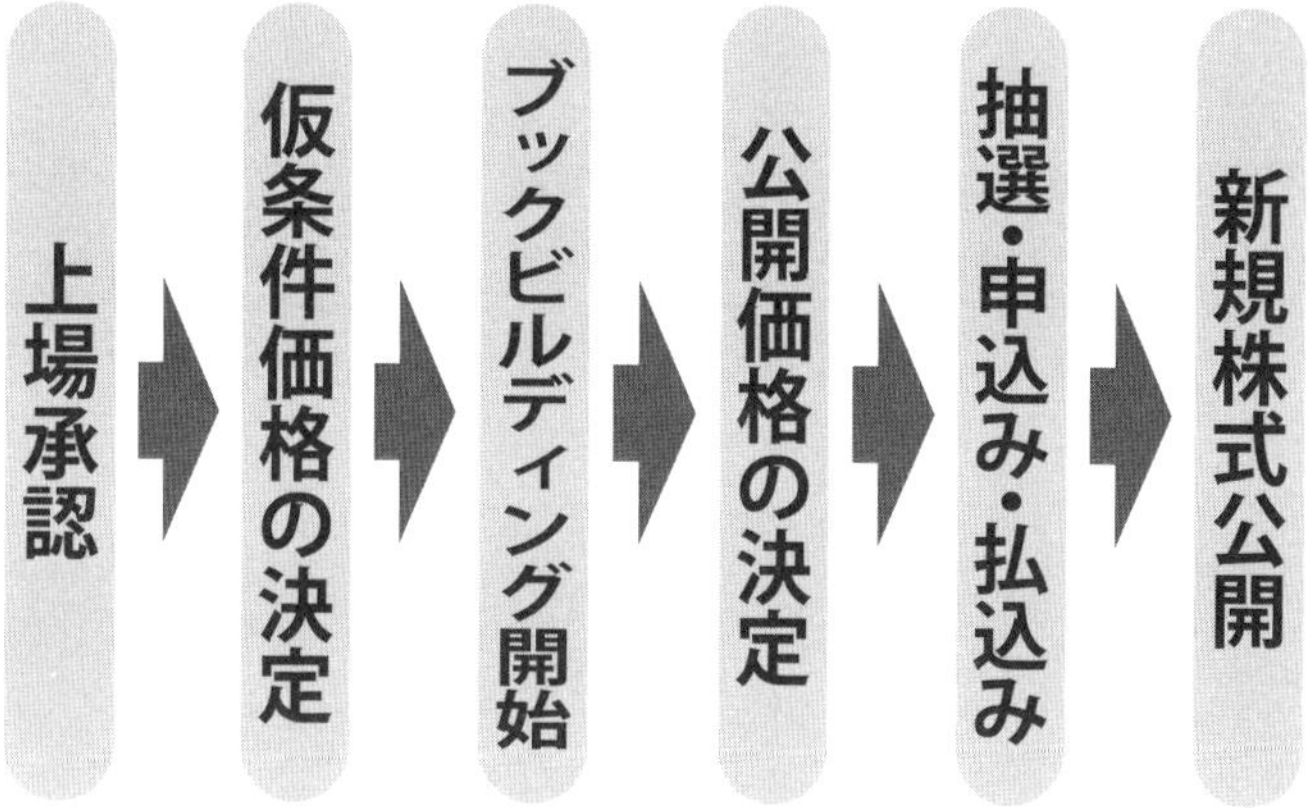

ＩＰＯ株の購入資格を失ってしまいます。

・抽選 or 裁量配分の段階

そうして公開価格が決定されたら、幹事証券会社ごとに抽選か裁量による配分が行われます。

［ネット系の証券会社の場合］

ネット系の証券会社が幹事証券会社になっている場合には、ブックビルディングの際に公開価格以上の株価での購入意思を示した投資家を対象に、まずは再度、購入意思の確認が行われます。

そして、購入希望のあった株数の合計が、その証券会社に割り当てられたＩＰＯ株数よりも少なければ、すべての希望者がそのまま購入できます。そうでなければ、抽選が行われます。現状では、よほど不人気なＩＰＯ株以外では、**ほぼすべてのケースで抽選になる**と考えて差し支えありません。

その抽選で当選すれば、投資家はようやく、該当企業のＩＰＯ株を上場日前に購入できる権利を手にでき、実際に入金したり事前に振り込んでいた資金から引き落とされたりして、ＩＰＯ株を入手できるのです。

抽選で外れた場合は、残念ながら上場前に購入することはできません。

なお、一部のネット系証券会社では、外れるたびに当選確率を上げられるポイントをもらえたり（ＳＢＩ証券）、その証券会社での取引実績などによって抽選確率が変わったりします。

［店舗系の証券会社の場合］

一方、店舗系証券会社が幹事証券会社の場合には、配分されたＩＰＯ株のごく一部は抽選に回すものの（そういう規則があるため）、ほとんどは証券会社の営業マンの裁量に任され、その証券会社が得意客であると判断したり、今後関係を深められそうだと考えたりした顧客に対して、そのＩＰＯ株の購入が勧められることが一般的です。

ちなみに、ここでは説明の都合上２つの段階に分けましたが、抽選や裁量による配分の段階まで含めて、「ブックビルディング」と呼ぶ場合も多くあります。

・上場日↓初値決定の段階

購入した上場前の株式は、証券会社のマイページなどで確認できることもありますが、上場日より前にはまだ上場されていないので、取引することはできません。満を持して、上場日の寄り付きから取引できるようになります（売り注文はその少し前からできるようになります）。

このとき、最初に株式市場でつく価格が前述した「初値」です。ただし、**初値は公開価格どおりになることはまずありません**（まれに同値になることもあります）。

株式市場が開く前に、その日ＩＰＯする株にはすでに買い注文が殺到しているケースが多いので、上場日前に事前にＩＰＯ株を入手して、初値で売ろうとする人の売り注文数を大きく超えています。すると、しばらくは売買が成立せず、気配値だけが切り上がっていきます。

その後、気配値が切り上がることで買い注文の数が減り、売り注文の数と一致したときに、ようやく初値が決まるのです。

人気が集中したＩＰＯ株だと、**上場初日のうちには初値が決まらないことは普通**で、翌営業日やさらに次の営業日に入るまで、気配値だけが切り上がっていくこともあります。

当然その場合には、上場日前に株を入手していた投資家は、ＩＰＯ株を初値で売るだけで、大儲けできるというわけです。

初値が決まって以降の取引はすべてが「セカンダリー」

さて、ここまで見てきたように、株式のＩＰＯではすでに上場日に至る前の段階で、ブックビルディングで証券会社をとおして、投資家と企業のあいだで一定の取引がなされています。

また、上場日の寄り付きから初値が決まるまでのあいだにも、通常の株式市場とは少し異なるルールで取引が行われています。

そのため、その後の取引が行われる通常の市場と区別するために、初値が決まるまでの取引が行われる市場のことを「第一の」とか「最初の」という意味の「プライマリー（Primary）」という言葉を頭につけて、「**ＩＰＯプライマリー市場**」と呼んでいます。

これに対して、初値が決まったあとのＩＰＯ株は、他の上場済みの株式と基本的には同じルールで取引がなされます。

そのため、初値以降の取引がなされる市場のことを、プライマリー市場のあとにくる市場という意味で「**ＩＰＯセカンダリー市場**」と呼びます。「セカンダリー」とは、「第二の」とか「ふたつ目の」という意味です。

セカンダリー市場では、ブックビルディングでの抽選に外れた投資家や、ブックビルディングに事前には参加できなかった投資家のうち、「やっぱりあのＩＰＯ株は買っておきたい」と考える人が集中するほか、事前にＩＰＯ株を入手していた投資家で初値が出るまでは様子を見ていた人が一気に売ってくるため、**上場直後の株価は大きな値動きになりやすい**ものです。

そのボラティリティを狙って、デイトレーダーも多く集まります。

本書で提唱するＩＰＯセカンダリー投資とは、主にこのセカンダリー市場で大きな値幅を取ることを狙う手法なのです。

また、その定義上、セカンダリー市場の次の「サード市場」はありません。

つまり中長期投資の目線から見れば、**上場後１週間経とうが１か月経とうが、ＩＰＯ株のセカンダリー市場であることには変わりありません**（ただ実際には、ＩＰＯから半年くらい経つと、ＩＰＯ株としての性質が意識されなくなってくることから、「セカンダリー」とは呼ばれなくなることが多いです)。

そこで本書では、上場後数か月程度のスパンでの、中長期型のＩＰＯセカンダリー投資の手法についても、いくつか紹介していこうと考えています。

どんな銘柄の初値が上がりやすいか知っておく

ＩＰＯの仕組みについては、前項の解説でおおよそ理解できたと思います。

次は、**ＩＰＯのプライマリー市場において、公開価格に比べて初値が大きく値上がりしやすいのはどんな銘柄か**を押さえておきましょう。これらの知識も、セカンダリー市場での投資を行う際に必須になってくるからです。

初値騰落率はいくつもの要素に左右される

上場前にブックビルディングで決定された「公開価格」に対し、実際に市場で最初に取引が成立した「初値」が、どの程度上下したかを示すのが「**初値騰落率**」です。

この初値騰落率がプラス方向に大きくなりやすい、つまり初値が値上がりしやすい銘柄には、いくつか典型的な特徴がありますから、まずはこれらを順に理解していきましょう。

【値上がりしやすいポイント①】上場までの期間が短く、会社の沿革に問題がない

投資家は、**その企業が創業してから何年で上場までこぎつけたのか**に注目します。これは、その会社に勢いがあるかどうかを見ています。

一般に、創業間もない企業が短期間のうちにＩＰＯまで到達した、というストーリーのほうが成長の勢いを感じさせ、市場では好まれます。そのため、そうした企業の株はＩＰＯ時にも人気が集まりやすく、初値も高騰しやすくなります。

具体的には**創業から20年以内のＩＰＯ**が好まれます。さらに**創業10年以内であれば、ほぼ確実に人気化します**。若手の起業家が、１年でも早いＩＰＯを目指すのは、こうした理由があるからです。

逆に、創業後何十年も経ってから上場するような中堅企業や老舗企業では、上場後の成長余地が少ないと思われて敬遠され、初値も伸びにくくなりますし、場合によっては初値が公開価格を下回ってしまう「**公募割れ**」を起こしてしまう場合もあります。

なお、たとえ創業20年以内でも、以前に上場していた企業がいったん上場を廃止し、その後再上場してくるケースや、直近に会社名の変更をしているケースなどでは、市場参加者の多く

が警戒をするので、やはり公募割れや低調な初値となる可能性が高まります。

投資家目線からは、上場廃止後の再上場は市場からの資金調達だけを目的としているのではないかと見られがちですし、直近の会社名変更は、ブランド力の減少や何らかのトラブルが存在するリスクをイメージさせるからです。


【値上がりしやすいポイント②】　公募株比率が高く、売出株比率が低い

ＩＰＯの際、新規公開される株のうち**何％が「公募株」で、何％が「売出株」か**によっても、そのＩＰＯ株の人気は変わってきます。

前者の「公募株」とは、**ＩＰＯにあたって新規に発行される株式のことで、市場で売却されることにより、企業が成長するために使える新たな資金となります。**

一方、後者の「売出株」は、**その会社のもともとの経営者などが保有していた株を、ＩＰＯにあたって一般投資家に売却するもの**です。当然、企業に資金が入るわけではありません。要するに、その企業の経営陣や利害関係者が、ＩＰＯにあたって利益を受け取るための売り出しです。

投資家がＩＰＯ株を買う際には、新鮮で勢いがある企業の、その後の成長にかけるという要

素がおおいにあります。よって、企業に資金が入らない売出株の比率が高いと、投資家の失望を買い、初値がなかなか伸びないケースが多くなる、というわけです。

逆に、公募株の比率が大きければ、人気化しやすく、初値も高騰しやすくなります。

公募株と売出株の比率はＩＰＯによってさまざまですから、一概に何％以上あればよいとは言えません。しかし、**できるだけ公募株比率が高い銘柄を選ぶ**こと。また、なかには**売出株比率が１００％というＩＰＯもありますので、少なくともそうした銘柄は避ける**ようにすれば、プライマリー市場でより高い初値を狙うことができる、ということが言えるでしょう（近年の傾向では、売出株が１００％の銘柄はパフォーマンスがよくありません）。

【値上がりしやすいポイント③】 上場市場がマザーズかジャスダック

ＩＰＯ株の人気は上場市場によっても変わります。

断然人気化しやすいのは、新興市場のマザーズかジャスダックで、地味な企業が多い東証２部や、大企業しか上場はできない東証１部、あるいはその他の地方市場（名証のセントレックスや札証のアンビシャスなど）へのＩＰＯでは、一部の例外を除いてまず人気化しません。

これは、やはり新興市場への上場のほうが会社の勢いを感じさせるという要因もありますし、新興市場のほうが小規模なＩＰＯが行われやすいため、需要に対する供給が追いつかずに価格が高騰しやすいという要因もあります。

ただし２０１５年の**日本郵政**（**６１７８**）や２０１６年の**九州旅客鉄道**（**９１４２**）、２０１７年の**SGホールディングス**（**９１４３**／**「佐川急便」の会社**）のように、誰もが知っている大企業が東証１部にＩＰＯをするときには、例外的に人気化して、公開価格に対して初値がしっかり決まる場合もあります。

【値上がりしやすいポイント④】　上場まで増収増益を続けている

当たり前ですが、**上場時、それまでの数年間にわたって増収増益を続けている企業**の株は、その後の安定的な成長をイメージさせるために人気化し、初値が高騰しやすくなります。

【値上がりしやすいポイント⑤】　公募売出数が少ない

ＩＰＯの際、新たに発行される公募株があまりに多すぎると、市場からの需要以上に新株を供給することになるため、初値が上がりにくくなります。

この公募株の供給数のことを「**公募売出数**」と言いますが、具体的には**これが50万株**（マザーズやジャスダックの場合）**を超えてくると、需給ギャップが意識されるようになって初値が低迷するケースが多くなります**。

そのため、もし抽選や裁量による配分を狙うのであれば、公募売出数ができるだけ少ない「小型」のＩＰＯ株を狙うと、大きな利益を得やすくなります。

【値上がりしやすいポイント⑥】　新規性の高い事業内容

すでに同じようなビジネスを行う企業がたくさん上場していると、上場時にもそれらの類似企業の株価が意識されるため、初値がオーバーシュートして異常な高値をつけることは少なくなります。

逆に、新規性の高いビジネスモデルの会社がＩＰＯしてくるときには、類似の企業が市場に存在しないため、適正株価がどのあたりなのか投資家もわからず、適正株価を探る過程のなかで株価がオーバーシュートすることで、初値が高くなりやすい傾向があります。

【値上がりしやすいポイント⑦】　市場からの資金吸収額が少ない

⑤の公募株の株数に、売出株の株数を合算すると、新規公開される全体の株数が計算できます。この全体の株数に、さらに公開価格をかけると「ＩＰＯ時の市場からの資金吸収額」を計算できます。

この市場からの資金吸収額が大きいということは、初値が上がっていくのにそれだけ大きな金額の買いが集まらなければならない、ということです。

新興市場に集まっている資金の多くは個人投資家のもので、全体でもそれほど多くの資金が集まっているわけではありません。そのため、ＩＰＯ時の市場からの資金吸収額があまりにも多いと、需要に対して供給が多すぎる状態になってしまって、初値がスムーズに上がらない結果を招きやすくなります。

市場からの資金吸収額ができるだけ小さい小型のＩＰＯ、具体的には**マザーズなら資金吸収額が30億円以下、ジャスダックなら20億円以下**のＩＰＯを狙うようにしましょう（この資金吸収額は私個人の目安です）。

【値上がりしやすいポイント⑧】（公開時）時価総額が小さい

その企業がIPOするより前にすでに発行していた株数に、IPOで新たに発行される公募株の株数を合計すると、上場時のその企業の総発行株数が計算できます。さらに、その総発行株数にブックビルディングで決定された公開価格をかければ、その企業の「**（公開時）時価総額**」を計算できます。

この時価総額が大きすぎる場合にも、やはり需給のバランスから初値が高騰しづらくなりますので、プライマリー市場では時価総額が小さいIPOを狙うことも大切です。

具体的には、**公開時の時価総額はマザーズなら200億円以下、ジャスダックなら100億円以下**の銘柄を選ぶほうが、初値が高騰しやすいと言えます（この時価総額も私個人の目安です）。

【値上がりしやすいポイント⑨】「SOリスク」が小さい

ここで言う「SO」とは、「**ストックオプション**（Stock Option）」のことです。

ストックオプションとは、企業が取締役などの経営陣や自社の従業員に対して、あらかじめ決められた株価で自社株を購入する権利を付与する制度のことで、上場を目指している企業では、経営陣や従業員のモチベーションを引き上げるために付与することがよくあります。

ストックオプションの権利を持っている従業員や経営陣は、会社がいつか上場を果たしたときには、その権利を行使して会社から安く自社株を買い、その株を市場で売ることで大きな利益を得られる、という仕組みです。

よって、実際にその企業が上場を成し遂げたときには、経営陣などはともかく、一般従業員の多くは待ちに待った臨時ボーナスの機会を得るようなものです。多くの場合、上場直後の株価が高騰しているときを狙って、ストックオプションで得た株を売ってきます。こうした理由によって値下がりするリスクを、私は「**SOリスク**」と呼んでいます。

このSOリスクは、IPO株の値動きを予想する際には非常に重要な要素となります。一般の投資家も当然、このリスクの存在を知っていますから、ストックオプションの付与数が多い銘柄では、上場後の値下がりを警戒してイマイチ初値が上がらない、上場後も上値が限定的になる、といったケースがよくあります。

IPOにあたっては、ストックオプションの付与数なども事前に公開されますので、きちんとチェックしてSOリスクの低い銘柄を狙うのも、大事なポイントになります。

【値上がりしやすいポイント⑩】「ＶＣリスク」が小さい

最後に「ＶＣ」、即ち「**ベンチャーキャピタル**（Venture Capital）」が大株主に入っているかどうかも、初値騰落率を左右する重要な要素となります。

ベンチャーキャピタルとは、大口の機関投資家などから資金を預かり、ファンドを組成して多数の未公開企業に投資をする企業です。

成長のための資金を提供する代わりに、その企業の何％かの未公開株式を受け取り、さまざまな助言や経営支援をして、ＩＰＯにまで企業を導いていきます。

実際にＩＰＯにまでたどり着ける企業の割合は決して多くはないのですが、それでも、ＩＰＯにまでこぎつけた企業の持ち株を売って大きな売却益を得ることができれば、十分に採算が取れる、という計算で未上場企業への投資をしています。

こうしたビジネスモデルからもわかるように、ＩＰＯする企業の大株主にベンチャーキャピタルが入っていれば、そのベンチャーキャピタルは将来、その持ち株を売ってきます。

となれば当然、**ベンチャーキャピタルの持株比率が多ければ多いほど、将来上値が重くなる**ことが予想されます。これが「**ＶＣリスク**」です。

特に**公募売出数より、ベンチャーキャピタルの持ち株と、前述したストックオプションの付**

与数の合計株数のほうが多い場合には、ＶＣリスクやＳＯリスクが高いと判断して多くの投資家が敬遠するため、そのＩＰＯ株は初値が上がりにくくなることを覚えておきましょう。初値がついたあとのセカンダリーでの値動きについても同様です。

なお、ベンチャーキャピタルが上場直後から持ち株を売ってしまうと、せっかくの上場なのに公募割れしてしまい、企業が必要な資金調達をできなくなってしまう危険性があります。また、そうしたＩＰＯには怖くて投資家も寄ってこないでしょう。

そうした事態を防ぐため、ベンチャーキャピタルやもともとの大株主などに対しては、上場後一定の期間、あるいは一定の株価になるまでは、持ち株を売ることができないように制限をかけることが一般的です（両方の制限をかけることもよくあります）。

こうした制限のことを「**ロックアップ**」と言い、ベンチャーキャピタルに対するロックアップが何日で解除されるのか、またいくらで解除されるのかにも、投資家はおおいに注目しています。

１８０日など長いロックアップ期間が設定してあれば、ひとまず投資家は安心できますが、30日とか２週間といった短期間のロックアップ期間しか設定されていないと、ＶＣリスクが高いと見なされて初値が伸びにくくなります。

あるいは、気配値が切り上がって株価がロックアップ解除価格の近くにまで上昇すると、そこでベンチャーキャピタルからの売りを警戒して値上がりがストップする、というケースもよくあります。

VCリスクやSOリスクの有無には、IPO投資家は敏感にならなければいけない、ということが言えるでしょう。

ちなみに私は、VCリスクとSOリスクをまとめて、「**VSリスク**」と呼んでいます。

ネット上のIPO関連情報サイトを活用する

以上、IPO株の初値形成に影響するさまざまな要素を紹介してきました。

初心者の方は「こんなにあるのか」と驚くかもしれませんが、日ごろから抽選や裁量による配分を狙っているIPO投資家の方にとっては、いずれも「常識的な話」ばかりです。

後述しますが、特に短期のIPOセカンダリー投資を行う際には、これらの要素に関してもおおいに気を配る必要がありますから、基礎知識として必ず身につけるようにしてください。

心配しなくても、しばらく銘柄の物色をしていれば、すぐに理解できるようになりますから大丈夫です。

なお、この項で説明した10の要素は、いずれも証券取引所の公式のウェブサイトに掲載されている資料で確認できます。

▼日本取引所グループ「新規上場会社情報」　http://www.jpx.co.jp/listing/stocks/new/　など

ただ、公式サイトでは一部の要素については自分で計算する必要があるほか、細かい数字を確認するのに煩雑な資料を読み解かなければなりません。

それらの作業を行って、わかりやすくまとめてくれているネット上のＩＰＯ関連情報サイトがたくさんありますので、情報を確認するときにはそれらを参照するほうが便利でしょう。多くのサイトで、初値の値上がり率の予想なども公表しています。

使いやすいサイトがいくつもありますから、自分好みのサイトを探し、定期的にチェックするようにしましょう。参考として、私が個人的によく使っているサイトをひとつだけ紹介しておきます。

▼トレイダーズ・ウェブ「IPOスケジュール」
http://www.traders.co.jp/ipo_info/schedule/schedule.asp

10段階の指数でひと目でわかる

また、この項で説明した10の要素を、初値への影響度の高さも加味し、IPO株の初値がどの程度高騰するかを事前予想する際の指標にしたものが、上表の「**初値指数**」になります。

こちらも、ぜひ参考にしてください。

●初値指数

指数	判断基準	初値の想定
1	沿革（創業20年以内なら○、再上場・社名変更はX）	公募割れの可能性大
2	公募売出比率（売出株比率が100%に近い案件はX）	公募割れ、もしくは公開価格と同値
3	上場市場（マザーズかジャスダックなら○）	公開価格を10%未満上回る
4	増収増益（増収増益基調を維持していれば○）	公開価格を30%未満上回る
5	公募売出数（公募株数が50万株以下なら○）	公開価格を50%未満上回る
6	事業内容（新規性あり、類似の上場企業なしなら○）	公開価格を70%未満上回る
7	資金吸収額（マザーズで30億円、ジャスダックで20億円以下なら○）	公開価格を90%未満上回る
8	（公開時）時価総額（マザーズで200億円、ジャスダックで100億円以下なら○）	公開価格を100%未満上回る
9	SOリスク（SO付与数が少なければ○）	公開価格を130%未満上回る
10	VCリスク（VCが大株主に入っていなければ○）	上場初日には初値がつかない

第2章

上場初日～数日以内のＩＰＯセカンダリー投資必勝法

“即金規制”による歪みに着目する「即金規制明け狙い」を試してみよう！

では早速、ＩＰＯ直後のセカンダリーでの投資手法を紹介していきましょう。この章で意図するのは、上場初日のみ、あるいは上場から数日以内という短期間での投資です。

最初にお伝えするのは、ＩＰＯに関して特別に適用される、「**即金規制**《そっきんきせい》」という市場ルールを利用した「**即金規制明け狙い**」という非常に優位性の高い投資法です。

人気化したＩＰＯの初値は、キャッシュ（現金）でしか買えない

この「即金規制」とは、新規上場した株が人気化して、上場当日に初値が決まらなかった際に、証券取引所によって適用される特別ルールです。

上場した株の価格が決まらない状態が長期化するのは、取引所としてはあまり好ましくあり

ません。そのため、できるだけ早期に初値を決めるために適用されます。

具体的には、**成り行き注文ができなくなり、指値注文しかできなくなります。**

また**現金取引のみとなり、信用取引や受け渡し決済**（信用取引などの決済を、反対売買ではなく**現物株の引き渡しによって行う決済方法）が禁止されます。**

これらの規制によって、そのIPO株に対する買い需要がある程度減ることが期待されるため、初値が形成されやすくなるのです。

上場当日に初値がつかない場合に翌営業日から「即金規制」が適用され、**初値が決まるまでは規制がずっと続きます。**つまり、2営業日目にも初値がつかなければ、初値がつくまではずっと、3営業日目、4営業日目と即金規制が適用され続けます。

そして初値が決まれば、翌営業日から即金規制が解除されて、通常の取引に戻ります。初値が決まったら即時に解除されるのではなく、**その日の大引けまでは規制が続く**ことに注意してください。

資金の流れを意識する

さて、即金規制明け狙いの投資法では、この即金規制がかかっているIPO株を狙います。

これらの銘柄は、一般に人気が集中していて、前章末で紹介した「初値指数」でも9や10などの高いランクになっていることが多いです。

即金規制がかかった状況では、信用取引や受け渡し決済が禁止されることで、市場の参加者の一部が売買に参加できなくなります。信用取引では手持ち資金の3倍程度まで売買できますから、参加できる資金のほうがかなり少ないイメージです。その他の資金は、規制が解除されるまで待つしかありません。

取引のルールによってこうした大きな需給のギャップ、「歪み」が生じている局面では、その後の値動きが予想しやすくなります。つまり、**いったん初値が決まれば、翌営業日からは規制が解除されて再び信用取引や受け渡し決済が可能になりますから、一気に資金が戻ってきて値上がりしやすい**ということです。より具体的には、翌営業日の寄り付きは特別買い気配で始まる可能性が高い、ということまで言えます。

そしてさらに、こうした資金の流れを意識することで、初値形成後の値動きまである程度予想ができるのです。

左図は、即金規制がかかっているＩＰＯ株の典型的な2営業日目の値動きです。

●即金規制下、2営業日目の典型的な値動き

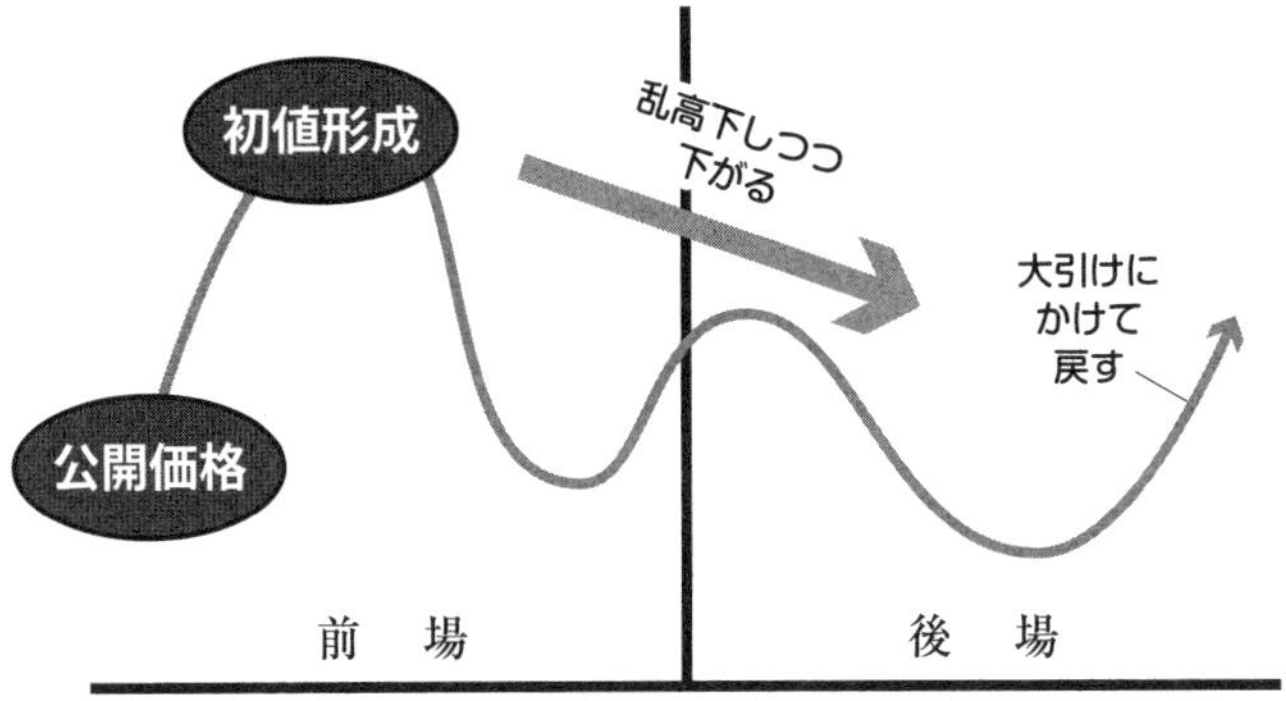

まず、**前場のどこかで初値が決まると、そこから後場にかけて、乱高下を繰り返しながら基本的には下落する傾向です。**

規制によって信用取引や受け渡し決済が使えない状態であるため、初値の水準を維持できるほどには、新規の買いが集まらない場合が多いためです。

なにしろ証券口座のなかに実際に入っているキャッシュでしか買い注文を入れられませんから、前場のどこかのタイミングで、市場の買い需要が息切れすることが多いのです。

逆に売りについては、初値がついたことによって利益確定の売りをしてくる人も現れてきますし、場合によっては株価の高騰でＶＣのロックアップが外れ、ＶＣが一気に売ってくる、といったケースもあります。そのため、即金規制下での初値形成後の値動きは、総じて売り手の勢いが強い状態が続きます。

この2つの要因が重なって、前場の初値形成から当日の後場にかけての値動きは、乱高下を伴った値下がり基調となりやすいのです。

ただし、**初値から少しずつ下がっていった株価は、大引けにかけて逆に値を戻してきます**。

初値がもう決まりましたから、翌営業日からは即金規制が解除されて、通常の取引ルールに戻ります。翌営業日からは信用取引や受け渡し決済での買い注文が戻ってくることは、少し相場のルールに詳しい投資家ならみんな知っていますから、大引けにかけて信用で売るのは怖くなりますし、先回りして少し買っておこうか、という人も出てきます。そのために値上がりしやすいのです。

即金規制がかかっている状況では、初値形成当日の値動きはこうした典型的なパターンを描くことが多い、ということを知っておきましょう。

買うのは14時半になってから？

右に述べた即金規制下での典型的な値動きのパターンを知っていれば、どうすれば儲けられるかも簡単にわかります。

つまり、即金規制のかかっている状態で前場に初値がついたあと、すぐに買うと後場にかけて値下がりしてしまいますから、少し待ってから買えばいいのです。**大抵は14時から14時半にかけて底値をつけますので、そのタイミングまで待つのがいい**でしょう。

私の場合は、昼休みなどを利用して後場にかけての値動きを確認したあと、このくらいまでは下がるかな、という水準にいくつか指値注文を入れておくケースが多いです。

その後、５％以上など大引けにかけて大きく戻したら当日中に売ってしまってもいいですし、そこまで戻さなかった場合には、翌日まで待ってから売ればいいだけです。

翌日以降の値上がりも期待できるなら、一部の持ち株は一定水準で売って最低限の利益を確保しておき、それ以外は翌日以降に持ち越す、という方法も使えます。

なお、**ＶＣやＳＯが多いＩＰＯ株の場合には、売り圧力が大きいために初値形成日の値下がり幅が大きくなりがち**です。翌営業日以降の値上がりも限定的なものになりやすいですから、この手法を使う際にはＶＳリスクにはくれぐれも注意しましょう。

典型的ではない値動きの場合はどうするか？

これが即金規制下での「鉄板」の投資手法ですが、もちろん想定どおりにはいかない場合もあります。

【初値形成後にすぐストップ高して、特別買い気配のまま終わってしまうケース】

たとえば、人気が加熱化しているＩＰＯ株では、初値がついたあとにそのままストップ高水準まで値上がりしてしまい、特別買い気配のまま取引時間が終わってしまうケースがあります。

この場合には、この投資手法は適用できないので**見送るのが正解**です。典型的なパターンの値動きの場合にだけ、買いに入るようにしましょう。

なお、人気化しているＩＰＯ株で、前場の寄り付き後すぐに初値がついて、さらに当日のうちにストップ高まで値上がりすることが予想されるようなケースなら、前場のうちに多少打診買いを入れておくのもいいでしょう。

ただしこれをするには、なるべくザラ場の値動きをチェックできる環境がほしいので、全員にお勧めできる方法ではありません。

【後場になってから初値が形成されるケース】

前場では初値が決まらず、後場になってから初値が決まるケースもあります。この場合には、後場のどのタイミングで初値が決まったかによって、対応が変わってきます。

後場の早い段階で初値が決まった場合には、基本パターンと同じ対応で大丈夫です。

しかし後場の14時を過ぎてから初値が決まるようなケースでは、そのまますぐにストップ高になって、特別買い気配のまま引けてしまうことも多く、対応が少し難しくなります。

ひとつの対処法としては、**14時を過ぎても初値が決まらないような状況なら、指値注文をある程度下のほうに出しておいて、それでもし当日購入できたら、翌日の寄り付きでの売却を狙う、**という手法が考えられます（購入できない場合は見送る）。

あるいは、最初から素直に見送るのもひとつの選択肢でしょう。

事例検証　**旅工房（６５４８）**

具体的な事例を紹介しましょう。たとえば、２０１７年4月18日に上場した**旅工房**（６５４８）のＩＰＯでは、上場初日には初値がつかず、翌19日に即金規制がかかりました。

いよいよ19日、前場に初値が３７５０円で形成されたのですが、その後、後場にかけて同

●旅工房（6548・マザーズ）　日足

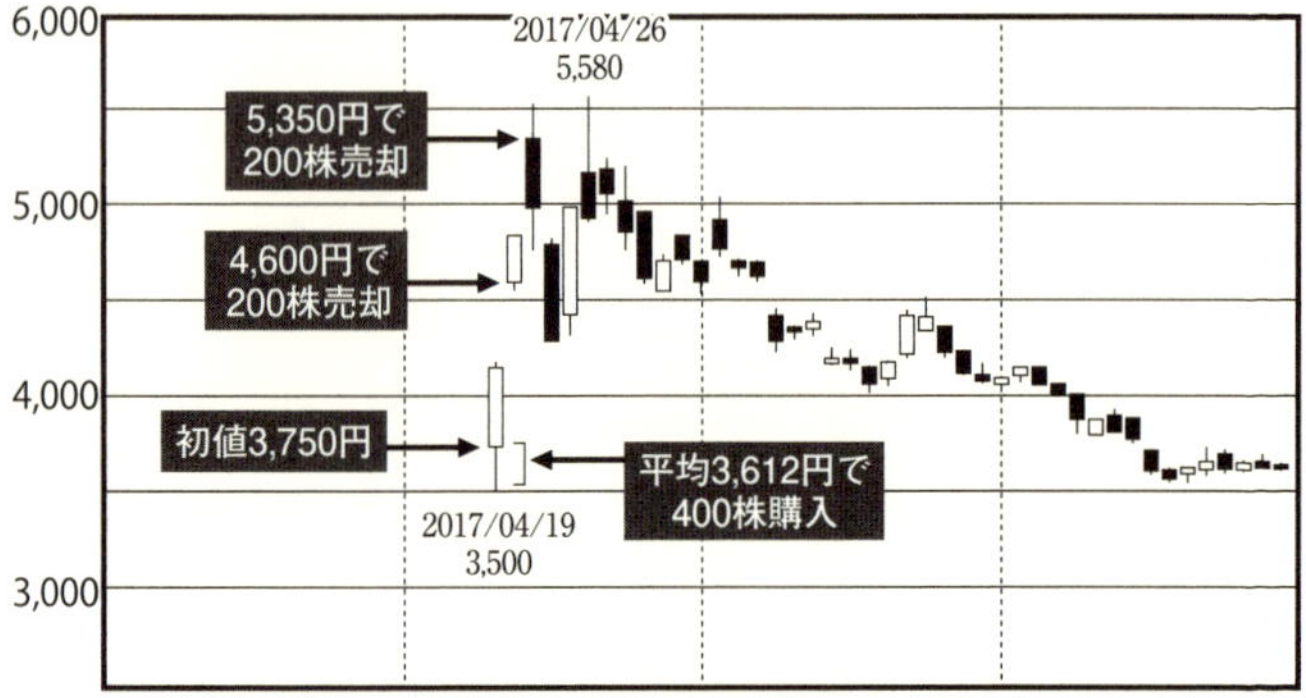

- 2017/04/18 上場　公開価格 1,370円
  → 初日は値つかず → 翌営業日から即金規制に
- 平均買付単価 3,612円×400株
  → 4,600円×200株売却　+197,600円
  → 5,350円×200株売却　+347,600円

社株は３５００円まで急落しました。パターンどおりの値動きです。

　私は、寄り付き前後で思い切り上の指値を入れて、１００株だけ打診買いで初値を買ったあと、後場にかけて値下がりすると予想して、昼休みに３６００円で２００株、３５５０円で１００株と指値で段階的な買い注文を入れました。

　案の定、後場にかけて値下がりしてきたために、どちらの注文も成立して合計４００株を購入できました。

　その後、大引けにかけても同社株はパターンどおりに回復してきて、一時４１４０円の高値をつけました。

　平均購入単価からは15％近い値上がり

幅があったため、当日中に売ってしまってもよかったのですが、同社株は当時かなり人気化していたため、規制解除で翌日以降もさらに値上がりするだろうと予想しました。

そこで翌日の寄り付きに指値を入れて、まずは半分の200株を4600円で売却。さらに翌営業日にも出勤前に指値を入れておき、5350円で200株を売却できました。

結果、投資総額およそ145万円で、**合計54万円超の利益を確保することに成功**したのです。

この手法は使える機会が多く、わかりやすい

即金規制がかかるIPOは、年間のIPOのうち3割はありますから、この手法が使える機会はたくさんあります。また、市場の取引ルールによって生じる需給の歪みを狙っていく手法ですから、**今後もルール変更がない限りは長く通用する**でしょう。

再現性も高く、やることも難しくないので、初心者の方はまずこの手法で、IPOセカンダリー投資に挑戦してみるのがよいのではないかと思っています。

この投資法にはネット系の証券会社を使うべき

なお、この「即金規制明け狙い」を行うには、**即金規制がかかっているときにもタイムリー**

に売買注文を出せる証券会社を利用する必要があります。

証券会社のなかには、即金規制がかかっているときには電話注文だけの受付になったり、買い注文の受付を停止したりするところがあるからです。

この条件は、主要なネット系の証券会社であれば問題なくクリアできるでしょう。ネット系の証券会社は比較的売買手数料も安いですし、名証セントレックスや札証アンビシャス、福証Ｑボードなどの地方市場でＩＰＯした銘柄の売買も、カバーしているケースが多いです。

プライマリーでの公募投資法を行うには店舗型の証券会社も欠かせませんが、即金規制明け狙いなどのセカンダリーでの投資を行う際には、ネット系の証券会社を主に使うことが必須となるのです。

「初値買いからの数％抜き」は効果的なデイトレード

引き続き、ＩＰＯ当日～数日以内の短期スパンで使える、セカンダリーの投資手法を紹介していきます。

読者のなかでも、ザラ場の値動きをリアルタイムで確認できる専業デイトレーダーなどの方には、「**初値買いからの数％抜き**」という手法が特にお勧めです。

ＩＰＯ直後のボラティリティを狙っていく手法

この手法は、**人気化したＩＰＯ銘柄では、ほとんどのケースで初値がついたあとも、当日～数日中にさらに株価が上がる局面がある**ことに着目した手法です。

人気のあるＩＰＯ株では、初値は公開価格よりも上につきますが、基本的には初値がついたあともしばらくは乱高下を続けながら、さらに値上がりする場面が現れます。たとえその後は

●人気化しているIPO株の
初値形成直後の典型的な値動き

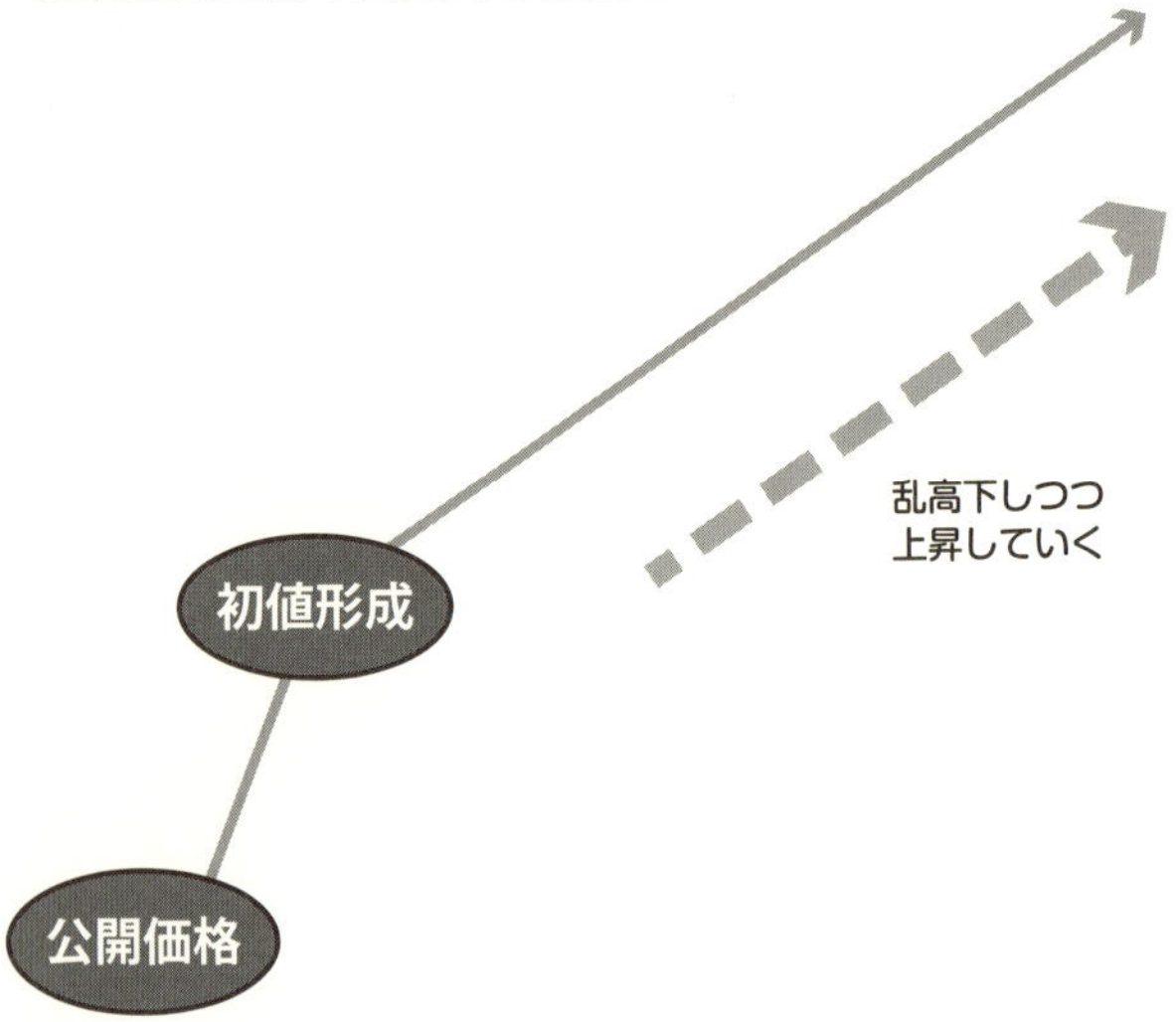

下げに転じるとしても、少なくとも初値形成後5～10分間くらい、長い場合には数日間にわたって、上下に大きく乱高下しながらも、全体に上へ上へと向かっていくエネルギーを見せるのです（上図参照）。

　このときのボラティリティは非常に大きいので、ちょっと動くだけで3～5％くらいは価格が変動します。その値幅を着実に取っていこうという手法が、「初値買いからの数％抜き」です。

一度に大きな利益を求めないことが大切！

では、この手法ではどれくらいの利幅を狙えばいいのでしょうか？

手堅く利益を積み重ねるのであれば、まずは3％の値幅を狙いましょう

これくらいなら、多少ＶＣやＳＯのリスクがある銘柄であっても、初値形成直後の値動きのなかで、ちょっと上下に振れただけで指値注文を拾ってくれるケースがほとんどだからです。

もう少し利益幅を取りたいのであれば、5％の値幅を狙います。

人気の高いＩＰＯ株なら、5％でもまず問題はありませんが、ＶＳリスクがある場合には初値形成直後から一気に値下がりしてしまうケースがまれにありますので、ＶＣやＳＯの有無、またそのリスクの程度には敏感になっておく必要があります。

そして、**さらに積極的に利益を取りにいきたいのであれば、この手法では最大でも7～10％程度の値幅を狙うのが限界**でしょう。

人気が加熱化している小型のＩＰＯ株で、ＶＳリスクがない銘柄だけを狙えば、ある程度の

確率で成功できるはずです。

ただし7〜10％の利幅となると、場合によってはそれだけの上昇をする前にボラティリティが収束してしまい、売りどきを逸してしまうケースも出てくることが避けられません。そうした場合にも冷静に損切りできる性格でないのであれば、狙う値幅は5％程度までに留めておくことをお勧めします。

もちろん、初値で複数単元を購入しておき、半分は3％で手堅く利確、4分の1は5％を狙い、さらに4分の1は7％以上の値幅を狙う、といった組み合わせ技も可能です。

初値で確実に購入する方法を知る

この手法での注意点・コツとしては、まず初値で確実に購入することです。

一番株価のボラティリティが大きくなるのは初値の形成直後ですから、確実に初値で購入するため、まずは上場日の寄り付き前に指値で買い注文を入れてください。

このとき、**上場初日の株価は、公開価格の2・3倍が上限**であることを知っておきましょう。どんなに人気が高い銘柄でも、それ以上の価格で上場日に初値がつくことは原則ありません（例外として、公開価格の2・3倍まで特別気配が切り上がったときに、次の気配更新で初値が決まる場合には初値が形成されます）。

さらに、**上場初日に入れられる指値の上限は、公開価格の4倍まで**と決められています。

ということは、公開価格の2・3倍以上、4倍以下の指値で買い注文を入れておけば、当日に初値がつく場合には確実に購入できるというわけです。

ちなみにこのとき、たとえば公開価格が2500円のIPO株に、指値を2・3倍の5750円で入れていて、実際の初値が5500円で形成されてきたら、ちゃんと5500円で買うことができます。5750円で買うわけではありませんから安心してください。

なお、確実に購入したいわけですから成り行き注文でもかまいませんが、成り行き注文ではまれに値が飛んで、とんでもない価格で売買が成立してしまう危険性があります。また**即金規制がかかったときには、注文することもできなくなります**。

値が飛ぶことに関しては、IPOの初値形成の際には大した問題はないのかもしれませんが、個人的に株式の売買ではできるだけ成り行き注文を避けることを習慣にしているため、本書でも、売買の注文はすべて指値で行うことを前提として説明しています。

公開価格の2～2・5倍の初値が最適

この手法は、公開価格からの初値騰落率に注目することで、さらに成功率を高めることもできます。

上場当日の寄り付きの気配値などを見れば、初値がおおよそどの程度でつくかは予想ができますし、ウェブ上の情報サイトでの事前予想なども参考になります。こうした情報を検討したうえで、当日の寄り付き前に初値買いを行うかどうかを最終決定することで、より確実に利益を得られるようになるのです。

一番成功率が高くなるのは、**騰落率100～150％の範囲内で、上場初日に初値がつくケース**です。つまり、公開価格の2～2・5倍の範囲内で初値がつく場合です。

この場合には、すでに述べたような値動きがほぼ確実に現れますから、非常に手堅く儲けることができます。VSリスクが小さい銘柄であれば、数日以内に7～10％の値幅を狙うことも可能でしょう。

逆に、上場初日には初値がつかず、即金規制がかかって初値が公開価格の3倍とか4倍、あるいは5倍などにまでなってしまうと、前項で詳しく述べたように、即金規制下で、初値形成後にいったん株価が値下がりする傾向が大きくなります。そのため、初値買いではうまく値幅を取ることができないケースが増えてきます。

こうしたケースでは、むしろ後場まで待ってから購入したほうが成功率が高まりますから、初値買いは見送る、という判断が正解になります。

公開価格からそこまで値上がりしたレベルで初値を形成するまでに、そのIPO株は上昇エネルギーの多くを使ってしまっています。そこからさらに3%とか5%といった上昇は、実現できないことが多くなるのです。

よってこの場合には、**初値での購入はあえてせず、むしろ後場に値下がりしたところを購入して、そこから3%とか5%の値幅を取る、という手法に方針転換する**ほうがよい選択になるでしょう。

ちなみに、初値形成後すぐにストップ高してしまうケースに備えて、後場に購入する場合であっても初値買いを合わせて実施しておく、という作戦もあります。ただしこの場合には、初値買いは最小単元程度の打診買いに留めておき、全体でのリスクをコントロールすることが重要になるので気をつけてください。

もうひとつ、あまり初値が値上がりせず、公募割れはしなかったものの100％未満の騰落率だった、という場合もあります。これは、その銘柄のＩＰＯ株としての人気がいまひとつだったことを意味していますから、株価が上昇していくエネルギーに乏しいことが予想できます。

こうした銘柄ではあまり大きな値幅は狙わず、3％の段階で確実に利確していくことがまずは求められるでしょう。そのうえで、ＶＳリスクがないなど、好材料が揃っている銘柄にだけ入るようにすれば、5～7％くらいの値幅であれば取れるケースが多いのではないでしょうか。

確信が持てない場合には、見送りでもかまわないと思います。

そして、もはや言うまでもないかもしれませんが、**初値の公募割れが予想される場合にはこの手法は適しません。**

公募割れ銘柄であっても、初値形成直後には株価が乱高下し、一時的に初値より高い株価をつける場合はありますが、その後に急激な値下がりに転じるケースが少なくありませんから、下手に手を出すと大きな損害を被る危険性があります。

公募割れが予想される場合には初値買いはせず、後述する別の手法を使えないか、検討するようにしてください。

機械的な発注方法ならサラリーマンでも実践できる

またこの手法に関しては、証券会社の発注システムを利用することで、より機会的に利益を積み上げていける可能性もあります。

これは、私の主宰している「柳橋塾」の会員さんに教えてもらったノウハウなので、自分で実践しているわけではないのですが、実に合理的だと感心したので、ここで紹介しておきます。

証券会社によっては、買い注文を出したとき、買い注文と同時に、その注文が約定した場合にだけ有効になる売り注文を合わせて行えるシステムを採用している場合があります（名称は証券会社によって異なります。「連続注文」「リレー注文」など）。しかもこの売り注文に関しては、利益確定のための上の注文と、損切りのための下の注文を同時に出せる場合があります（同じく、名称は「ツイン注文」「上下指値注文」など）。

こうしたシステムを組み合わせて利用し、まずは前日までにネット上の情報サイトなどで有望なＩＰＯ銘柄かどうか、またＶＳリスクが高くないかどうかなどを確認しておきます。そして**有望そうなＩＰＯ株なら、当日の出社前に初値買いのための指値注文と、そこから3〜5％上の価格での利益確定の売り注文を同時に出しておく**、というものです。

ただしこのとき、損切りの売り注文はかなり下のほうに出しておかないと、ＩＰＯ直後のボラティリティの高い値動きのなかで、上に入れた利確のための注文を拾う前に、下の損切り注文を拾ってしまう危険性があります。注意してください。

下の売り注文は入れず、思惑が外れたときには翌営業日の寄り付きで機械的に損切りするルールを決めておく、という対応でもいいかもしれません。

私にこの手法を教えてくれた方は、**ＩＰＯ株に対して機械的にこの対応だけを続けたことで、数か月のうちに２００～３００万円を稼ぐことができた**そうです。

サラリーマンでザラ場を見ることができないけれど、この「初値買いからの数％抜き」をやってみたいという方には最適なので、試してみるのもよいと思います。

ちなみにこうした注文システムを採用している証券会社としては、マネックス証券やカブドットコム証券、野村證券などがあるようです。

事例検証　ジャパンエレベーターサービスホールディングス（６５４４）

それでは、「初値買いからの数％抜き」についても、実例をひとつ見ておきましょう。

２０１７年３月に上場した**ジャパンエレベーターサービスホールディングス**（６５４４）という会社です。

●ジャパンエレベーターサービスHD（6544・マザーズ）　日足

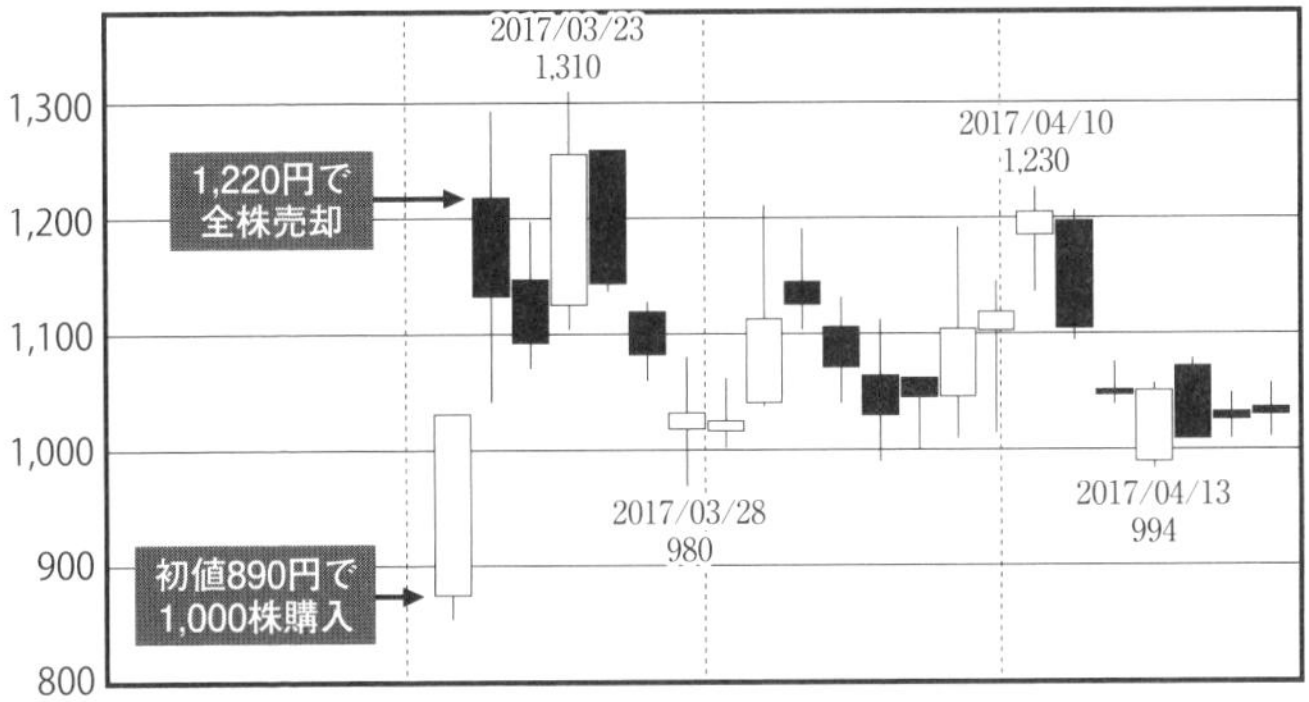

2017/03/17 上場　公開価格 600円
→ 初値890円
買付単価 890円×1,000株
→ 1,220円×1,000株売却　+330,000円

公開価格は600円でした。

この会社は、エレベーターの保守管理をしている会社です。私は上場日までにネット上の情報サイトで諸条件を調べました。

まず、**公開価格が1000円以下というのは好条件**です。いわゆる「**低位株**」という扱いになり、買いやすいので個人投資家に好まれます。

また各種資料から、保守点検を請け負っているエレベーターの基数がここ2、3年、5000基ずつというハイペースで増えていることがわかったので、業績の好調さを感じました（実際に同社は、IPOのあとも順調に業績を伸ばし、株価は本書執筆時点でも上昇を続けています）。

さらに、大株主を確認すると社長や利害関係者ばかりで、VC、つまりベンチャーキャピタルによる保有が見あたりません。ストックオプションもなかったので、**VSリスクが皆無**というところに非常に惹かれました。

エレベーターの保守管理という地味な業態のためか、IPO当日の寄り付き前の気配値では騰落率100％は超えないのではないかと思われましたが、右に述べたように好材料が多く、少なくとも公募割れはしそうになかったので、初値買いに入ることとし、1000株の指値注文を入れました。

初値は890円で、騰落率48％とやはりそこまではなかったのですが、結局はその後、すぐにストップ高となり、特別買い気配のまま初日の取引は引けてしまいました。

当日の私は、当初、値動きの様子を見ながら部分的に5％とか7％で段階的に売っていくつもりだったのですが、他事に気を取られているあいだにストップ高してしまったため、翌日の寄り付きで全株売却することにしました。

翌日の寄り付きでも株価は上昇して、売り値は1220円。**投資金額89万円で33万円の利益を確定できた**、というわけです。

「公募割れ狙い」なら弱いＩＰＯ銘柄でも利益を取れる

投資機会を増やす効果がある

次に紹介するのは、「**公募割れ狙い**」という手法です。

ＩＰＯでは、ご存じのように公開価格よりも初値が値上がりする確率が高いわけですが、悪材料があったり全体相場の下げに運悪く当たってしまったりすると、初値が公開価格より下でつく「公募割れ」を起こしてしまうことがあります。

ＩＰＯ全体を見れば、毎年約１～２割程度は、こうした公募割れを起こすＩＰＯ銘柄なのです。特にイマイチ人気のない**東証２部へのＩＰＯ株では、こうした公募割れ銘柄がそれなりの割合で出てしまいます**。

公募割れ銘柄は人気がないですし、基本は株価が下がっていくので触らない人が多いと思うのですが、実はここにも儲けのチャンスが潜んでいます。

すべての公募割れ銘柄を買えるわけではありませんが、**この手法をマスターすることで、初値が値上がりしたＩＰＯ株でも、残念ながら公募割れしてしまったＩＰＯ株でも、どちらでも利益を狙えるようになります**。儲けのチャンスを増やすという意味では、非常に意義のある手法でしょう。

もともと割安な株がさらに値下がりしている状態

基本の考え方としては、ＩＰＯ時の公開価格というのは、そもそも同業他社と比較して割安につけられている、というところに着目します。

第1章でも少し解説しましたが、公開価格決定の前の仮条件設定の段階では、主幹事証券会社による類似企業の株価調査や、機関投資家に対するヒアリングなどが行われます。

ここで、ＩＰＯしたときによりたくさんの投資家に応募してもらい、ＩＰＯを成功させるために、**基本的には同業他社や類似企業の株価と比較して、少し割安な仮条件を設定するのが普通**なのです。当然、仮条件をベースにブックビルディングをとおして決まる公開価格も、類似企業に比べて割安な価格が設定されることになります。

ということは、**もともと割安に設定されている公開価格を、さらに大きく下回ってつけた初**

●公募割れ銘柄の上場初日の典型的な値動き

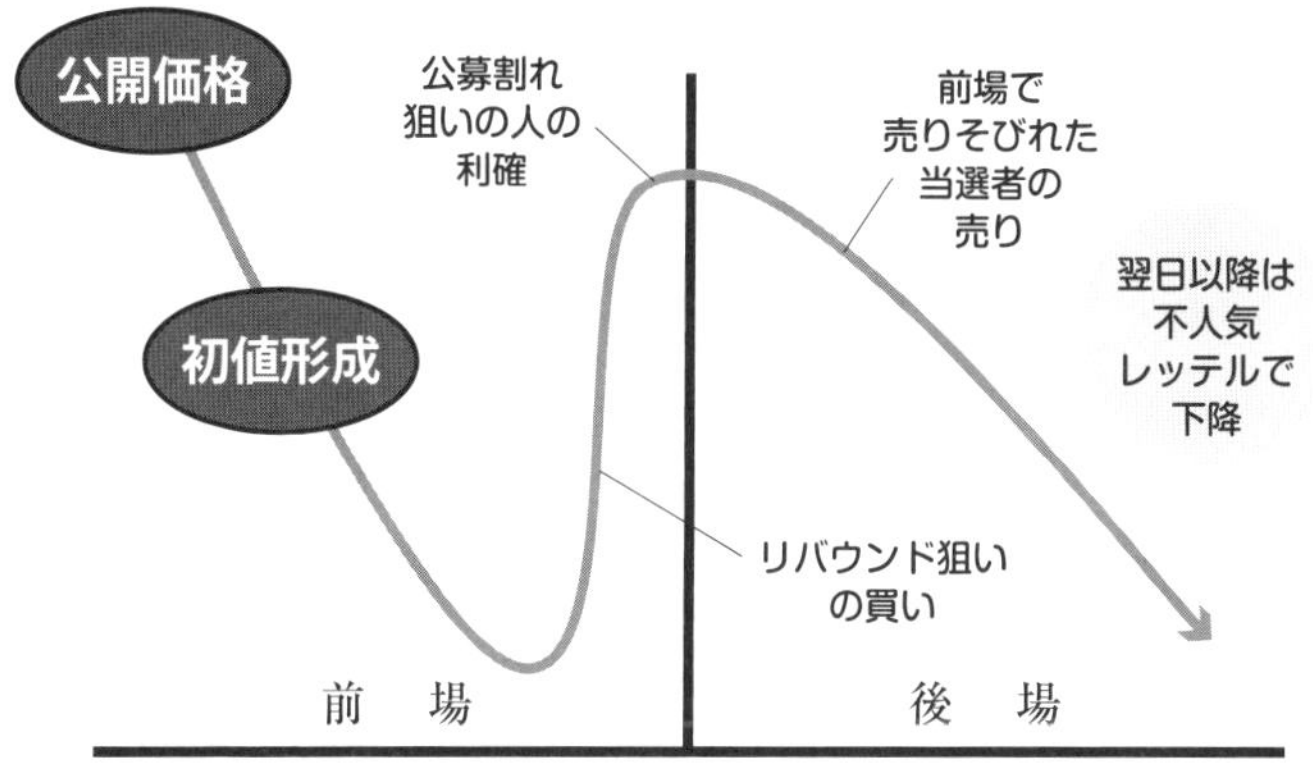

値というのは、ファンダメンタルズ分析で考えたらかなり割安の「買える株価」になっている可能性が高い、ということが考えられます。これが、この手法の背景となる考え方です。

公開価格を5%以上割り込んだら意識する

具体的なやり方を見ていきましょう。

まず、公募割れのＩＰＯ銘柄の上場初日の値動きは、おおよそ上図のようなパターンを描くことを理解しましょう。

大抵は前場に、公開価格を下回って初値がつきます。するとその勢いでそのまま株価が下がっていくのですが、一定のラインでいったん値を戻します。**前場の引けにかけて値を上げることが多く、**これは「**リバウンド狙いの買い**」と言えるでしょう。

しかし大抵は、それにもかかわらず、大引けにかけて再びジリジリと値を下げていく、という展開になります。

いったん値を戻したことで、公募株をもらった人たちのなかでまだ売っていなかった人からの売りが沸いてくることと、私たちのように「公募割れ狙い」をしている投資家が、利益確定のために一気に売ってくることが原因になっているのでしょう。

つまり、売るポイントはこの値を戻してきたタイミングです。

こうした値動きのなかで、どの時点で買いに入ったらいいのかが重要なわけですが、私の場合には、**公開価格を5％以上割り込んだら意識することにして、8％以上割り込んだところで買いに入る**、というようにしています。

8％となれば1割近く値下がりしているわけで、かなりの割安水準になりますし、経験上、このくらいの水準から「リバウンド狙いの買い」も入ってきます。

その水準を狙って前場に買いに入り、**値戻しの勢いが鈍ってきた前場の引けや、後場の寄り付きで利益確定をする**、というのがこの手法の基本戦略となります。

翌営業日には持ち越さない

注意しないといけないのは、この**「公募割れ狙い」の手法では、買った株の持ち越しは絶対にしてはいけない**ことです。

公募割れした銘柄は、やはり投資家からは「不人気銘柄」の烙印を押されます。そのため、翌営業日、翌々営業日にはさらに値下がりしてしまうものです。

損切りを余儀なくされかねませんので、**この手法は上場初日限定のもの**だと考えておいてください。

ファンダメンタルズ分析では割安と考えられることも確かなので、「せっかく安く買えた株を持ち越すのはダメなのか？」という質問を頂くこともよくあるのですが、ＩＰＯ株の割安な水準が適正水準にまで修正されるのには、数か月～1年以上かかることもあります。資金効率を考えれば、持ち越しは避けたほうが無難でしょう。

公募割れするのにはそれなりの理由があるものなので、ＶＣのロックアップ期間が過ぎて一層の売り圧力がかかったり、売上減少や赤字拡大などのネガティブニュースが出てきたりして、長期塩漬け株を抱える結果にもなりかねません。この手法では、上場初日だけのデイトレードに徹したほうが、優位性を維持できるのです。

買い注文は何段階かに分けて買い下がっていくこと

このほか、買い方についても少し注意が必要です。

初値が公募割れでついたあと、どこまで下げるかはなかなか予想できるものではありませんから、一律に8％で買いに入ると、下に大きく下げた場合にうまく利益を得られません。

このリスクに対応するために、買い注文を入れるときは公開価格の8％下、9％下、10％下、11％下、12％下、13％下と**何段階かに分けて指値注文を入れ、平均購入単価を引き下げながら買い下がっていく**ようにしましょう。

特に、サラリーマンなどでザラ場が見られない場合には、こうした買い方をすることで成功率を高めることができるはずです。

「強烈な買いサイン」を見逃すな

なお、ときどき初値が公開価格を大きく下回って形成されることがあるのですが、寄り付きの気配値で公開価格を15％以上値下がりして初値が形成されそうな場合には、**初値から買いに入っても大丈夫**です。15％以上の割り込みとなると、その後、リバウンドする可能性が高いからです。

大抵はその日のうちに5～7％の戻しがありますので、**初値が15％以上下落した場合には、それは「強烈な買いサイン」であると認識しましょう**。これからは、「公募割れ銘柄がすごく下がってるな～」と見ているだけではダメだということです。

たとえば少々古い事例ですが、２０１１年上場の**スリー・ディー・マトリックス（7777）**などは、非常に大きな割合の公募割れをしました。

当時、同社は上場前の決算が何年も赤字続きで、ＩＰＯの前から公募割れが予想されていました。実際、公開価格２０００円に対して初値が１２００円で形成され、40％もの割り込みとなったのです。

私は当時、同社株を初値でかなり買いに入りました。もちろん業績などの悪材料にこと欠かないことはわかっていましたが、短期的な水準訂正が確実に起こることもわかっていたので、そうしたネガティブな材料は無視したのです。

実際にその後の戻し方は急速で、数日で利益をあげた記憶があります。

ちなみに、このように初値の下げがきついＩＰＯでは、上場初日に初値がつかない可能性が高いのではないかと考える人がいるのですが、ＩＰＯでは特別買い気配の際の気配値の更新が

10分刻みなのに対し、特別売り気配の際の気配値の更新は3分刻みと、3倍以上短い間隔で行われるルールになっているので、**かなり大きく公募割れする場合であっても、大抵はその日のうちに初値が決まるようになっています。**

ただし、**上場初日の初値の下限は公開価格の4分の3**ですから、それよりも下で初値が決まる場合には、翌営業日に持ち越されることになります。

事例検証　サンバイオ（4592）

さて、この手法の実例は、2015年4月にマザーズに上場した**サンバイオ**（4592）です。

同社株は、公開価格2000円に対して初値が1710円でした。これは14・5％の割り込みですから、強烈な買いサインと見なしていいでしょう。

当時、寄り付きの段階で初値が公開価格をかなり割り込みそうなことがわかったので、私は初値で1000株の買いに入りました。

結果、初値がほぼ底値で、その後、株価は一気に公開価格と同水準の2000円近くまで戻しました。

しかしその後、後場にかけて同社の株価はパターンどおりにズルズルと下がっていき、日足

●サンバイオ（4592・マザーズ）　日足

2015/04/08 上場　公開価格 2,000円
→ 初値1,710円で公募割れ → 強烈な買いサイン

のローソクでは長い上ヒゲをつけます。しかも翌日以降もさらに値下がりして、初値の水準を回復するまでに半月程度もかかったのです。

このように、**公募割れするIPOであっても、上場日だけを考えると戻す局面があるケースが多くあり、**安く買えることで短期間のうちに儲けられる可能性があります。

投資機会を増やすという意味でも、十分に注目していい手法だと思います。

「ＩＰＯ集中日の出遅れ銘柄狙い」で確実に儲ける！

1日に何社もＩＰＯすることがある

次に紹介するのは、ＩＰＯ集中日の需給に注目した方法、「**ＩＰＯ集中日の出遅れ銘柄狙い**」です。

私のＩＰＯセカンダリー株投資のなかでも主力の手法のひとつになっているもので、市場に発生する需給の歪みと、その揺り戻しを狙う手法であるため、再現性が高く、またやることも簡単であるため、みなさんにもぜひ試してもらいたい手法です。

まずルールを先に述べておくと、**ＩＰＯが集中したタイミングを狙います**。

証券会社や取引所も、うまく調整して1日に1社ずつ上場させていけば満遍なく物色されていくはずなのですが、（幸いなことに？）現状ではそうした調整はほとんどされておらず、1日に３社や４社のＩＰＯが集中することがあります。特に３月や12月などのＩＰＯ集中月になると、５社や６社が同じ日に上場することさえあります。

そうしたＩＰＯ集中日には、本来１社だけであれば高い初値をつける力があるはずなのに、同時に何社も上場してしまうことで、他のＩＰＯ銘柄に買い需要が分散してしまって適正な評価がされず、冴えない形で初値が決まってしまう銘柄がどうしても出てきます。

そこで、**そうした出遅れ銘柄をあえて狙って、初値かそれに近いところで買っていき、寄り付き後に、初値売りなどで自由になった資金が巡ってきて値上がりしたところで売ったり、ＩＰＯ集中日が過ぎて、循環物色する資金が入ってきて値上がりしたところで売り抜ける**、という手法になります。

ＶＳリスクとその他の投資妙味を加味して判断する

このとき、基本的には公開価格と初値に注目するのですが、さらに**ＶＳリスクがあるかどうかにも注目**しておきましょう。

ＶＳリスクが高い銘柄だと、どうしても上値の重さが投資家に意識されるため、低い評価が訂正されるのに時間がかかってしまいます。しかも、実際にロックアップ解除などで大きな売り圧力が出てくることもありますから、警戒しなければなりません。逆にVSリスクが少なければ、水準訂正の動きがストレートに株価に反映されていきます。

このほか、たとえば**配当や株主優待の権利月なのかどうか**や、**配当利回りがどのくらいあるか**など、副次的な投資妙味を加味して判断をすることで、さらに成功率を引き上げることができます。

事例検証 ビーグリー（3981）

事例で見ていきましょう。

ビーグリー（3981）は2017年3月17日に上場した会社で、主にスマホ向けの漫画アプリを手がけています。

IPOでは公開価格1880円に対して、初値は1881円でつきました。公募割れこそしなかったものの、公開価格に対してわずか1円の値上がりでした。

抽選に当たったり裁量で入手したりして、せっかく喜んで上場日を楽しみにしていた人にとっては、「なんだよ、利益1円かよ」とぼやきたくなるような初値です。

この2017年3月17日には、ビーグリーのほかにも、先ほど紹介したジャパンエレベーター

●ビーグリー（3981・マザーズ）　日足

2017/03/17 上場　公開価格 1,880円
→ 初値1,881円でわずか+1円高
買付単価 1,881円×700株
→ 2,050円×700株売却　+118,300円

サービスホールディングスも上場していました。しかも、その前日にも2社が上場初日を迎えていて、そのうちの1社、**ほぼ日（3560）**は初日に初値がつかず、即金規制で2営業日目を迎えていましたので、実質的には3社同時の上場となっていました。

この3社のうちでは、明らかにビーグリーが出遅れていました。

なぜ、同社株の初値が冴えないものになってしまったかというと、**マザーズにもかかわらず（公開時）時価総額が大きく、市場吸収額も大きすぎたため**です。特に市場吸収額は100億円前後もあり、第1章で示したマザーズでの人気化の条件：30億円以下を大きく上回っていました。

そのため、もともとそれほど大きく初値が吹き上げるという感じではなかったのですが、440万株あったVCにはしっかりロックアップがついていて、SOもほとんどなく、VSリスクが少ないという点では評価できましたし、ビジネスモデルなども新規性が高く、もう少し上のほうで初値を形成する力は十分に持っていると思えました。

ところが、実質的に同時上場となったほぼ日は、「ほぼ日手帳」や社長の糸井重里氏が超有名な企業で、メディアでも上場が大きく取り上げられていました。さらには、株主優待の新設期待もありました。もう1社のジャパンエレベーターサービスホールディングスも、前述したように人気化する条件をいくつか備えていた企業でしたから、**ビーグリーが相対的に見劣りしてしまい、かつ市場吸収額が多すぎて買いを集め切れず、イマイチの初値になるのだな**、と想像できました。

当日の寄り付き前の段階で、3社の気配値を確認しながらこういう背景を想像できたので、私はビーグリーを初値で買いに入りました。700株を初値1881円で購入し（投資金額約132万円）、その日のうちに戻りがあったので、約9%の利益を乗せた2050円で売却して、**数時間でおよそ12万円の利益を得ました。**

事例検証　イワキポンプ（6237）

もうひとつ、**イワキポンプ**（**6237／現在はイワキ**）の事例も紹介しておきましょう。これは、その名のとおりポンプの会社です。

２０１６年３月18日に東証２部に上場。公開価格２０００円に対し、初値は２０５０円でした。

この日はなんと６社同時上場でしたから、買いの需要がどうしても分散してしまいます。イワキポンプは人気がない東証２部への上場で、創業50年以上が経っていて事業内容も堅実というか、率直に言って地味。そんな理由で６社のなかで見劣りしてしまい、50円しか初値が上昇しなかったのでしょう。

しかし、事前の調査で、私は同社が３月決算で、配当金も78円出す予定であることを把握していました。３月決算で３月上場ですから、仮に上場日に買って２週間程度持っていれば、１単元あたり７８００円の配当金が得られるわけです。**買い値２２００円で計算しても年間配当利回り３・５％ですから、短期間での権利落ちを狙う買いが、ある程度は入ることが予想できました**。また、**こういう伝統的な日本企業にはありがちなことですが、ＶＣの出資もＳＯもまったく存在しませんでした**。

●イワキポンプ（6237・東証２部）　日足

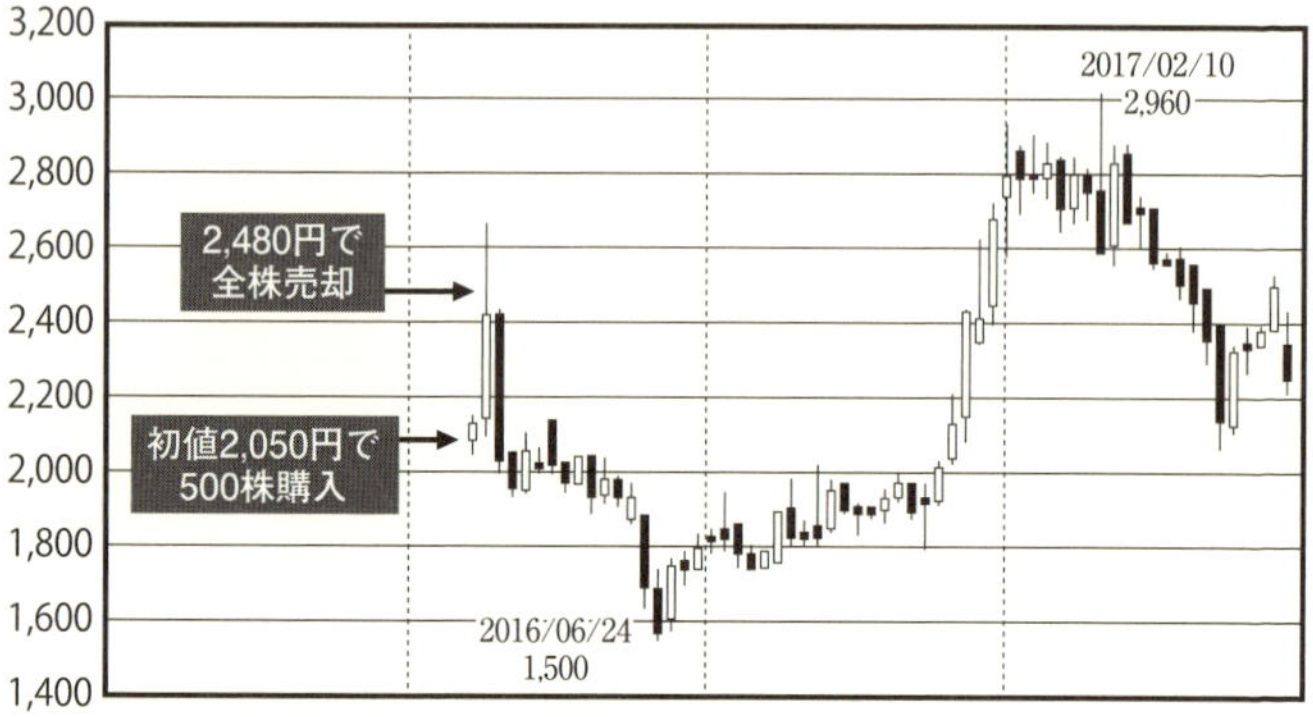

- 2017/03/18 上場　公開価格 2,000円
→ ６社同日上場のため、初値は2,050円でわずか+50円
- 買付単価 2,050円×500株
→ 2,480円×500株売却　+215,000円

そこで、悪材料も多いものの、さすがにＩＰＯ集中日が過ぎれば需給バランスが回復して買われるだろうと予想し、寄り付き前の気配値と初値を確認したあと、初値と同額の２０５０円で５００株買いに入り、うまく購入できました。

思惑どおり、翌日には２５００円前後まで同社株は高騰。私は約20％利益を乗せた２４８０円で指値を入れて、その日の高値に近いところで約定。**投資金額１０２万５０００円を転がし、21万５０００円のリターンを得ました。**

そのあと実際に株価がどうなるかは、短期投資の場合は原則考えません。大事なのは他の多くの市場参加者がどう考えるかを予想し、需給のバランスがどう動くかを推測することです。

この手法はＩＰＯ集中日にしか使えませんので、実践できる機会がものすごくたくさんあるわけではありませんが、使える状況での再現性は非常に高く、また得られる利益も大きいので、ぜひマスターしておいてほしい手法です。

人気の高いIPO株で使える「逆指値を活用したストップ高狙い」

値幅上限まで近づくと、勢いでストップ高を目指す傾向を利用する

上場初日や、即金規制下での翌営業日などに使える手法をもうひとつ紹介しましょう。「**逆指値を活用したストップ高狙い**」です。これはごく簡単な手法で、逆指値を使って、上場日のストップ高近くの値幅を取ることを狙います。

たとえば、公開価格が1500円のIPOがあるとしましょう。初値が3000円で決まるとします。すると**その日のストップ高の上限は、この初値に対して通常の取引ルールどおりに設定されます**ので、3000円以上5000円未満の場合は値幅700円で3700円がストップ高水準となります（値幅はネットで簡単に調べられます）。

さて、特に人気の高いＩＰＯ銘柄では、初値がついたあとに短期間のうちにストップ高まで値上がりし、取引初日はそのまま上限に張りついたまま引けてしまうことがよくあります。

そこで、**初値が形成された段階で、買いの勢いがかなり強そうだなと判断したら、このストップ高水準の少し下に買いの逆指値を入れておく**のです。

具体的には、ストップ高水準が３７００円だったら、３６５０円や３６７０円、３６８０円などの金額で逆指値を入れるのです。

すると、ストップ高まで値が上がる途中で、これらの指値を拾っていきます。

この水準までくれば、経験則では取引初日の勢いでまず間違いなくストップ高を目指しますので、買った途端に値下がりする、というリスクはかなり低いはずです。

そして、**そのままストップ高まで値上がりして上限に張りついたら、翌日の寄り付きが買い気配で始まったところで売ればいい**、というわけです。

ストップ高が剥がれるリスクをカバーする対処法もある

この手法の注意点としては、全体相場やその銘柄の勢いが乏しいときには、いったんつけたストップ高が剥がれてしまうことがある点です。

そのリスクを取りたくないのであれば、**買ったあとにストップ高の水準に通常の売り注文を出したり、その少し下に逆指値の売り注文を出して様子を見る**、といった対応でリスクをコントロールすればいいでしょう。連続注文の機能を使って自動化することも可能だと思います。

この手法はとにかく簡単なので、実践している人もかなりたくさんいます。それだけ人気もあるわけで、セカンダリーで安定的に利益を積み重ねられる手法のひとつと言えるでしょう。

VCリスクの高さを逆手に取る「VCターゲット狙い」

すぐに見切ってしまってはもったいない

この章の最後に、**「VCターゲット狙い」**という手法を紹介しましょう。これも、初値形成の当日にだけ使える手法です。

VCとは、すでに何度も述べているようにベンチャーキャピタルのことです。このVCにかかっているロックアップの解除価格と、VCの規模や決算月などに注目する手法です。

まず、事前の調査の段階で、VSリスクについて確認します。

このとき、VCの保有が多いIPO銘柄はリスクが高いですから、基本的には回避するわけですが、場合によってはそのVCの保有割合の多さを逆手に取れる場合がありますから、**すぐに見切らずに、そのVCにどんなロックアップ条件がかかっているかを確認**しましょう。大抵は、一定のロックアップ期間とロックアップ解除価格が決められていて、どちらかをクリアしたらVCが持ち株を売ることができる、となっています。そのロックアップ解除価格を覚えておいてください。

そして、**その銘柄の上場当日に、初値が公開価格よりは上でついたものの、そのロックアップ解除の価格よりは下でついた場合**には、この手法を使える状況がやってきます。

VCというのは、すでにお伝えしたようにできれば早く持ち株を売って、拘束されていた資金を現金化し、含み益を現実化したいと考えるものです。

ということは、待ちに待った出資先のIPOで、初値がそれなりに高騰してもう少しでロックアップ解除の価格になりそうだ、という状況になれば、「じゃあ、少し買い上げてロックアップ解除価格まで株価を引き上げよう」という思惑が働くのが当然です。彼らがロックアップで禁止されているのは売却だけで、株を買い増すことは別に禁止されていないのですから。

よって、VCの保有株が多い銘柄で、ロックアップ解除価格の少し下で初値が形成された場合には、**われわれ個人投資家は初値直後に買いに入って、ロックアップ解除価格の直前で売る、**という戦略が立てられます。

ただし、**ロックアップ解除価格を実際に超えてしまうと、VCの大量の売りが降ってくるリスクが出てきます**から、あくまでロックアップ解除価格に到達するまでが勝負となる手法です。

事例検証　ベガコーポレーション（３５４２）

ベガコーポレーション（３５４２）の事例を紹介しましょう。同社は、２０１６年６月28日にマザーズに上場しました。公開価格１６００円に対し、初値は２０００円と25％の上昇でした。

この会社で特徴的だったのは、大株主にジャフコという大手のＶＣが入っていたこと。ここが94万５０００株も持っていて、第３位株主につけていました。ＶＣリスクが非常に高い銘柄だったわけです（次ページ表参照）。

私は、「ここまでＶＣが多いとなかなか手が出せないな～」と思いながらも、ジャフコのロックアップ解除条件について調べたところ、公開価格の１・５倍でした。つまり、１６００円×１・５＝２４００円。

「これは、もしかしたら当日中にロックアップ解除まで行く可能性があるな」と考えて、当日も初値に注目していたわけです。

●上場時のベガコーポレーションの主要株主一覧

※同社が公表した「新株式発行並びに株式売出届出目論見書の訂正事項分」による
（個人名は伏せています）

（株主名）	（保有割合）	（保有株数）
（株）アルタイル	36.60%	1,800,000
浮城●●	33.18%	1,632,000
ジャフコ・スーパーＶ３ 共有投資事業有限責任組合	19.21%	945,000
手島●●	6.20%	305,000
ベガコーポレーション 従業員持株会	0.76%	37,200
冨田●	0.54%	26,500
●● SU BEE	0.41%	20,000
末永●●	0.41%	20,000
江田●●	0.26%	13,000
亀山●●	0.26%	12,800

これが、たとえば５万株とか３万株程度のＶＣの持ち分だったら、そこまで大きな影響はないわけですが、なにしろ94万株ですから、ジャフコだってできれば一部でもお金にしたいだろうな、と予想できました。

結果、初値が２０００円。

ジャフコとしては、４００円の値を持ち上げるくらいの追加投資をしても、ロックアップが解除できれば十分すぎるほどにもとが取れるはずです。

私はそう瞬時に計算して、２０２０円で５００株買い付けました。投資金額は１０１万円です。そして、すぐにロックアップ解除価格の直前となる２３８０円に売りの指値を入れました。

●ベガコーポレーション（3542・マザーズ）　週足

※チャートの価格は株式分割前のもの

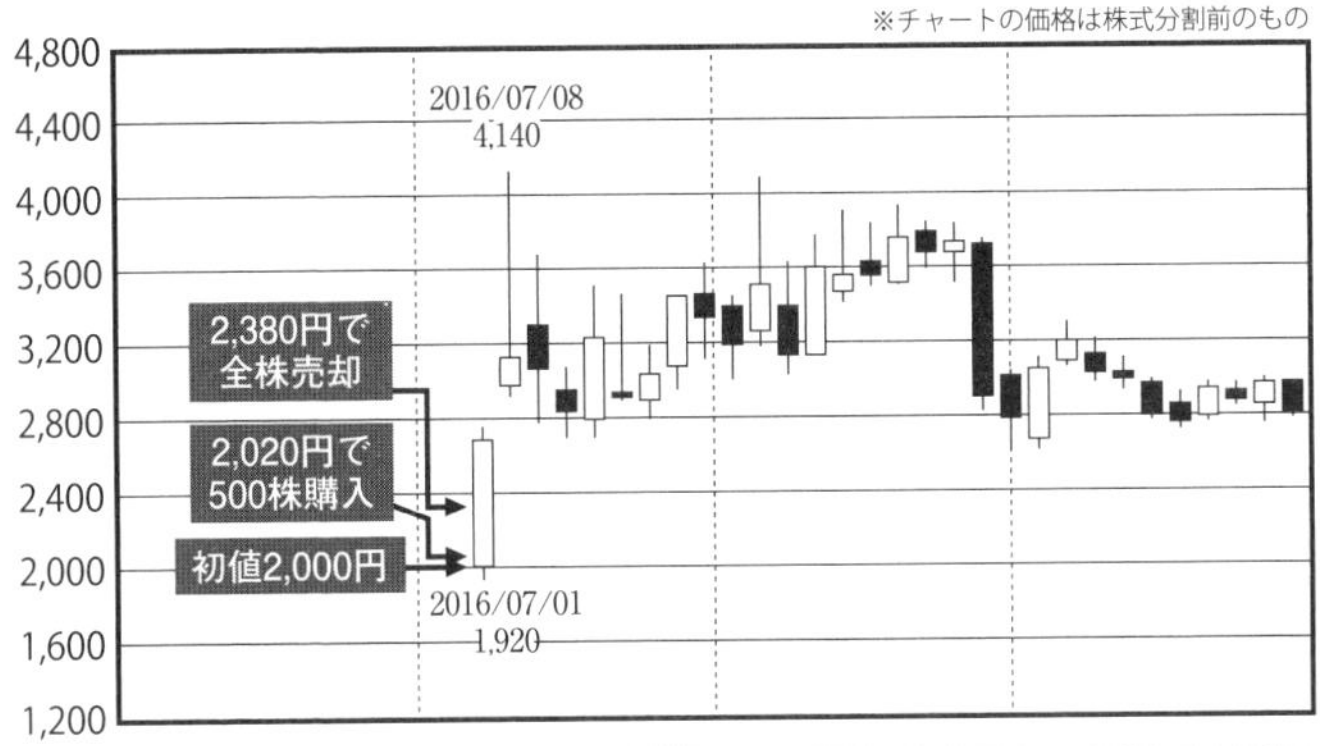

2016/06/28 上場　公開価格 1,600円
→ 初値2,000円、ロックアップ解除価格2,400円
平均買付単価 2,020円×500株
→ 2,380円×500株売却　+180,000円

本当にジャフコが買ったのかはわかりませんが、思惑どおりベガコーポレーションの株には初値形成後に買い注文が殺到し、ロックアップ解除価格の２４００円を超えていきました。

当然、私の指値注文も約定して、**18万円の利益を確定できた**、というわけです。

ＶＣリスクが高ければ高いほど成功確率は高まる

なおこの手法では、ＶＣがどれくらい切実にその株を売りたいと思っているかを想像することで、さらに成功確率を上げることができます。

たとえば**ＶＣの決算月のＩＰＯ**であれ

ば、ＶＣとしては持ち株を売ることができれば、一気に決算が楽になるでしょう。多少強引にでも、ロックアップ解除価格まで値を上げてくるのでは、と想像できます。また**ＶＣの会社の規模に比べて、そのＩＰＯへの出資額がどれくらいのインパクトのある金額かどうか**でも、ＶＣの行動は変わってくるでしょう。

そうした側面的な事情も加味しながら、ＶＣの買いに当てていくのが、この手法の優位性をさらに引き上げるコツと言えます。

第3章

上場後1週間～数か月以内のIPOセカンダリー投資でじっくり稼ぐ！

「上場来高値からの下落率に注目する手法」で逆張りスイング投資を極める！

引き続き第3章では、1週間～最長数か月程度までの、いわゆる**「スイング投資」のスパンで行うIPOセカンダリー投資の手法**を紹介します。

前章で紹介した、初値形成の初日から買っていくさまざまな投資手法は、いずれも非常に効果的な手法です。ただ最低限、その日の寄り付き前の気配値などが見られる環境でないと、フル活用できません。出勤時間などによっては、会社勤めの人はうまく実施できない場合もあるでしょうから、そういう場合には、こちらの中期スパンでのセカンダリー投資を手がけていくことをお勧めします。

もちろん、短期と中期、さらに後述する長期の投資手法を組み合わせれば、もっと利益を積み上げることができます。すべての手法を併用するのもいいでしょう（私自身、そのようにしています）。

大きな値動きがＩＰＯ株の醍醐味？

中期スパンでの投資手法として最初にお伝えするのは、「**上場来高値からの下落率に注目する手法**」です。

ＩＰＯ株は人気化すると、初値が決まってからもしばらくは、どんどんと値上がりしていくケースがよくあります。たとえば次のＩＰＯまでの期間が空いているので個人投資家の資金が集まったり、事業内容が流行りのテーマに合致しているので買われたり、あるいは、単に全体相場が好調なので、一過性の資金が集まって想像以上に値上がりする、といったケースもあります。

しかし**株価は必ず、どこかの時点でピークアウトします**。いつまでも上がり続けられる株はありません。

ある程度、上場から時間が経てば新しいＩＰＯも出てきます。個人投資家の資金はせっかちなので、そちらへと流れていってしまいますし、株価が上がりすぎてＰＥＲなどの指標が高くなれば、過熱感が出て警戒した投資家が利益を確定し手仕舞いします。そのようにして、どこかで必ず当面のピークをつけるのです。

すると**今度は一転、大きく値下がりしていきます**。

●上場来高値から急落する場合の典型的な値動き

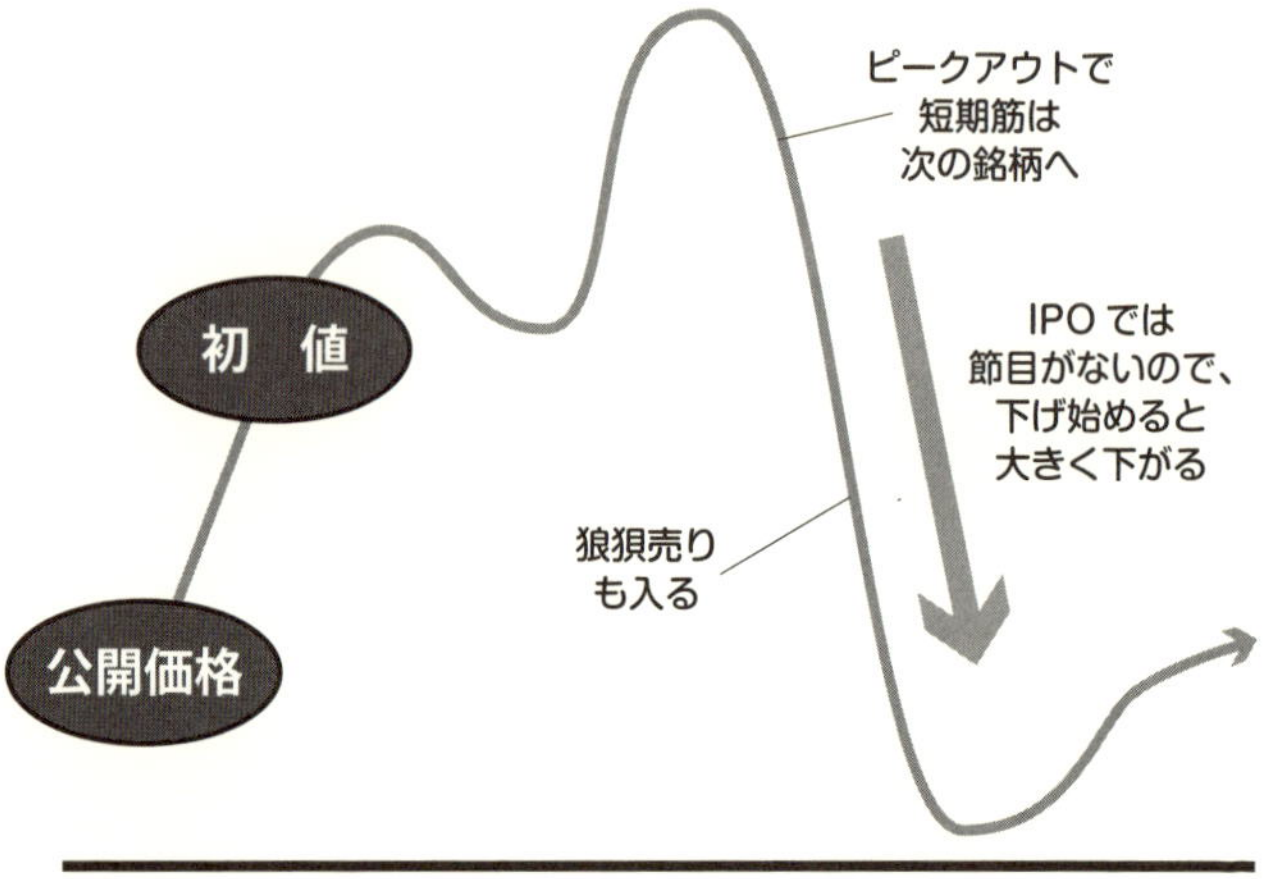

上場してから時間が経っている株であれば、過去のチャートから下値の抵抗線が描けたり、どこかに下値メドとなる過去の安値などがあるのですが、**ＩＰＯ株は上場したての株ですから、節目となる株価がありません。**そのため、いったん売られてしまうとどんどん売られる傾向があるのです。

そうして株価が急落して、初値や公開価格の水準まで割り込んでいくと、さらに狼狽売りが出てきて一段と値を下げる、というのが「よくあるパターン」です（上表参照）。

一定の下落率をメドに買い下がっていく

そこで、ＩＰＯ株が初値を形成したあと、数日〜1週間程度のうちに最高値をつけ、その後に勢いよく下落を始めたら、どこまで値下がりするかに注目しましょう。ある程度大きく下げたところで底値で買いに入ることで、その後の戻りで利益をあげることができます。

これが、「上場来高値からの下落率に注目する手法」です。

具体的には、下落率に注目するわけですから、ピーク時の株価となる上場来高値から何％まで下がったかをチェックします。**下落率40％から意識していき、下落率40％↓50％↓60％の水準にかけて段階的に購入していくと、成功率が高くなります。**

ここまで大きく値下がりすると、もう当初の高値の6～4割しか株価がないわけです。そこからさらに下がったとしてもたかが知れていますし、企業としても、せっかく上場したのにそこまで値下がりしてしまったら、株主の手前、何かしらの株価対策の手を打っていく必要が出てきます。

さらには、上場して1～2か月も経てば、さまざまなIRも出てくる時期となってきますので、そういった要素も意識して、大きく下がったところを拾いにいく、という考え方です。

注意点としては、ここでも**VSリスクの有無に敏感になること**と、**この手法では東証1部のIPO株は除外すること、**の2点が挙げられます。

VSリスクが大きい銘柄では、急落からの戻りが鈍くなりがちなので、利益を確定するまでに長い時間が必要になる危険性があります。

また東証1部の銘柄では、そこまで大きな下落率にはなかなかならないことが理由です（東証1部のIPO銘柄の値下がりには、後述する別の手法で対処できる可能性があります）。

事例検証 セラク（6199）

参考事例として、2016年7月1日にマザーズに上場した**セラク**（6199）を挙げましょう。同社はIoTソリューションなどを提供する総合IT企業で、テーマ株としても人気がありました。

公開価格1500円に対し、初値は3900円で160％の高騰。その後もとんとん拍子にストップ高を繰り返し、数日のうちに高値6840円まで駆け上がりました。

しかしそこでピークをつけて、一気に値下げ基調に。売りが売りを呼んで、2週間で3000円を切るところまで値を下げたのです。

このとき、私は同社株の下落率に注目していました。ピークの上場来高値が6840円ですから、**40％低下した水準の4100円前後から意識して、買いに入るタイミングをうかがって**

●セラク（6199・マザーズ）　日足

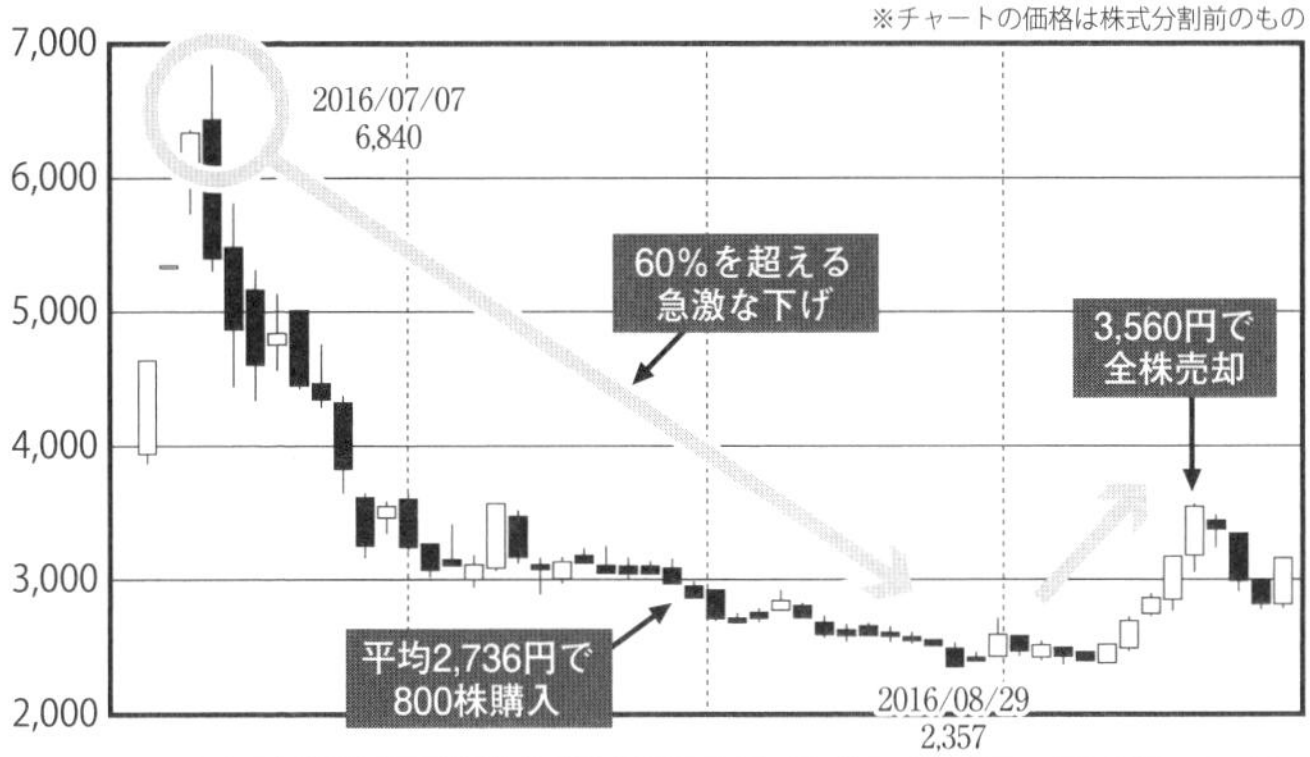

2016/07/01 上場　公開価格 1,500円
→ 初値は3,900円、数日のうちに高値6,840円を示現
→ 高値から65%超の急激な値下がり
平均買付単価 2,736円（高値の40%水準）×800株
→ 3,560円×800株売却
→ 800円以上の値幅を取ることができた

いました。

この株の場合には**どんどん株価が下がっていましたので、すぐには買わず、下落率が50%となる３４２０円を超えるまで待って、そこから指値注文を段階的に入れて買い下がっていきました。**

同社株は1か月以上かけて、一時は２５００円台にまで値下がりしたため、最終的には平均取得価格２７３６円で８００株を購入。１銘柄あたりの投資総額としては、やや多めの２２０万円弱です。この平均取得価格の２７３６円が、ちょうど高値から60%下落したあたりの水準となりますので、当初の思惑どおりに購入できたことになります。

なお、買いに入るポイントについては臨機応変に対応してください。あまりに高い水準から買いで入ってしまうと、しばらくは大きな含み損に耐えることになってしまいますので、要注意です。

その後は、急落からの株価の戻りを待ちます。

セラクの場合は、もともと総務省の手がけるテレマーケティング事業への参画を企図していることが公表されており、株価が急落したら、この関係で何かIRを出して株価対策をしてくる可能性があるのでは、という予測をしていました。

そうしたらまさに予想が的中。実際に上場2か月後くらいのタイミングで、総務省のテレマーケティング事業への採択というIRを出してきました。

同社はほかにも、大学との事業共同開発を目指しているといったIRを矢継ぎ早に発表したため、それらが材料視されて、ひとまず3640円水準にまで株価が戻していきました。

私はその値戻しの過程で、3560円で全株を利確。**800円以上値幅を取ることができた、**

●キャリア（6198・マザーズ）　日足

※チャートの価格は株式分割前のもの

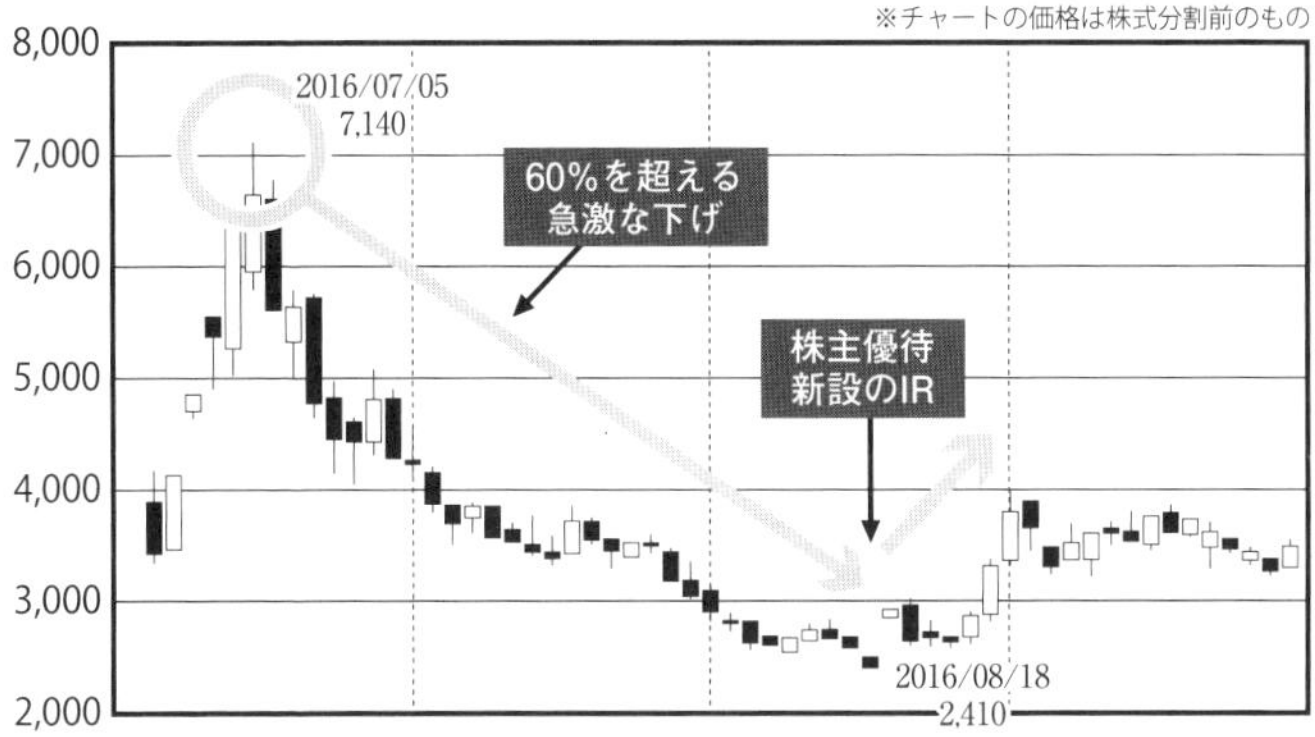

2016/06/27 上場　公開価格 3,870円
→ 数日のうちに高値7,140円を示現
→ 高値から65%超の急激な値下がり
→ 優待新設発表のIRが回復のきっかけに

という事例です。

事例検証 **キャリア（６１９８）**

さらにもうひとつ、同じような事例を紹介しておきましょう。

キャリア（６１９８）は、２０１６年６月27日に公開価格１９５０円で上場してから、７営業日かけて７１４０円で当面のピークをつけ、その後、株価がずっと低迷して、一時２４１０円にまで値下がりする局面がありました。これは、65％以上の大きな下落率です。

その底値水準で、同社は**株主優待新設のＩＲ**を発表します。

株価はそこを最底値として、息の長い上

昇曲線を描き始め、本書執筆時点では1万2000円水準（株式分割を考慮）にまで至っています。

タイミング的に、明らかに同社は株価対策として株主優待新設のIRを発表しています。

上場したあとに大きく値下がりする案件というのは、こうした会社側の株価対策にも期待できるので、やはり狙い目だということがわかるのではないでしょうか。

「業績の進捗率に注目する方法」で手堅く利益を確保する！

第３四半期の数字にだけ注目する

次に、**「業績の進捗率に注目する方法」**を紹介しましょう。この手法は、年間をとおして適用できる機会が多いため、私自身もよく実践しています。

まず、この場合の「業績の進捗率」とは何かと言うと、**企業が期首に発表している売上高や営業利益、経常利益や当期純利益といった業績の年間見とおしに対し、直近の四半期決算で、実際にはどのくらいそれらの目標を達成できているか、を示したもの**です。

各証券会社のサイトや、ネット上の株式情報サイトなどでは、四半期決算の発表のたびにグラフで視覚化してくれているところもありますので、最初はそれらを参考にするのもいいでしょう。

さて、この手法では原則、**このうちの第3四半期における進捗率だけに注目します。**

第1四半期とか第2四半期での進捗率にはあまり注目しません。

第3四半期だけです。

どうしてかと言うと、第1四半期や第2四半期の進捗率がよい銘柄のなかには、毎年、売上が上期に偏重する特徴を持っている銘柄が多く存在していること、さらに、その時点では下期も好調なのかどうかはまだわからない、という理由があるからです。

しかし、第3四半期に至っても進捗率が順調に伸びてきているのであれば、あとは残り3か月しかないわけです。第3四半期の時点の進捗率が、たとえば経常利益で85％、当期純利益で90％などと高いレベルで進捗しているのであれば、最後の第4四半期の数字も、ある程度高い確率で期待できるだろう、と予想できます。

さらに言えば、通期予想に対して第3四半期までの9か月が経過した時点で、期首目標の8～9割を達成しているのであれば、本決算の前に通期予想を上方修正する動きが出てくることも考えられます。

よって、**IPO直前や直後の企業の第3四半期における進捗率に注目する、というのがまず第一のステップ**です。

上場時期によっては、上場前の各種資料のなかに第3四半期の決算数字が記載されていることもありますし、上場当日や直後に四半期決算の発表があることもよくあります。

なお、この際に**売上高は未達の割合が多少大きくても問題ありません**。第3四半期の時点で、12か月の通期予想に対して3か月分の売上高が足りていないのは、ある意味で当然のことですから、そこは重視しなくてもかまわないのです。

その代わり、**営業利益と経常利益、当期純利益に関しては重視**してください。最低限80％、できれば85～90％の進捗率があるＩＰＯ銘柄を狙っていきます。

決算の1か月くらい前に買えばよい

ここで次のプロセスとして、**その銘柄の本決算の発表が何月何日になるのかを調査**します。

ネットで調べてもいいですし、会社のＩＲ部門に直接連絡をして決算発表予定日を聞けば、おおよその予定日を教えてくれることもあります。企業のホームページに「ＩＲカレンダー」が掲載されていて、決算発表予定日をあらかじめ公表しているケースもたくさんあります。

そもそも、おおよその日程は決算月から逆算できます。たとえば3月決算の会社であれば、通常、本決算は4月末〜5月の中旬にかけて発表されます。上方修正が発表されるのは、その数週間前から決算直前にかけてです。こうした基本パターンも覚えておくようにします。
また、もし上方修正が出なければ、本決算でかなりよい数字が発表されることになります。

第3四半期の進捗率がよいという時点で、ここまですぐに予想ができるようにしましょう。そうした予想ができ、今後の日程もおおよそ把握できたら、**決算の1か月くらい前から仕込んでいきます**。そして、**実際の上方修正や本決算で値上がりしたところで利確する**、というのがこの手法の基本的なフローです。

少々複雑なので、ここまでの流れをまとめておきましょう。以下のとおりです。

①IPO前後の企業が第3四半期決算を発表
↓
②営業利益や経常利益、当期純利益の進捗率が80％以上
↓

③「決算発表までに上方修正があるかも」「上方修正がなくても好決算のはず」と予想
←
④その会社の決算はいつなのかを細かく調べる
（原則は３月決算なら４月末〜５月中旬、６月決算なら８月中旬、８月決算なら10月中旬）
←
⑤決算発表の１か月くらい前に当該銘柄を仕込む
←
⑥上方修正か本決算を待つ
←
⑦上方修正や本決算によって値上がりしたところで利確する

上場に向けての企業の「頑張り」に期待する

なお、ＩＰＯ前後の企業の好決算を狙っていくのには、別の理由による優位性もあります。

それは、上場までのスケジュールと、上場へと時間をかけて準備していく企業の行動傾向によって発生する優位性です。

上場したい企業は、前述したように大体上場の3年くらい前から監査法人や証券会社などに依頼し、2年前の期、1年前の期、上場当期と、監査法人や証券会社からさまざまな要求をされ、調査も受けて、上場へのルートに乗っていきます。

それは、会社の内部統制の態勢整備についての要求の場合もあります。また、業績についての上場基準もありますから、業績についても企業は、主幹事証券会社にいろいろと言われて、おおいに努力して上場を実現させようと頑張るわけです。

結果として、過去のＩＰＯ企業の上場2年前、1年前、上場当期の売上高や営業利益、経常利益などを見ていくと、**上場当期に向けて業績が伸びていく形で、本番の上場を迎えるパターンが非常に多い**のです。

また、**ＩＰＯ前後の企業の場合には、ほかに株価を判断するニュースがない**、という好条件もあります。

上場したての企業というのは、すでに上場している企業に比べれば、業績や株価を判断するための材料がほとんどありません。そこに最初の決算発表で、ようやくまっとうに評価できる材料が出てきますから、それが好決算ならば素直に買われ値動きが軽くなります。

一方、すでに上場している企業の場合は、業績以外の情報も多く、ある意味でノイズが多いので、せっかく好決算や上方修正のニュースが出ても素直にプラスに反応してくれないことが少なくありません。ＩＰＯ前後の企業では、そうしたリスクも排除できるというわけです。

上場後には気が抜ける？

こうした優位性を維持するためにも、私は**この手法は、上場前後の企業だけに適用したほうがよい**と考えています。さらに、上場した次の年度になると、この手法を適用すべきではない別の事情も現れてきます。

上場した翌年度には、それまで上場に向けて伸びてきた企業の好業績が剥落してしまうことがよくある、という事情です。

上場するまでは、経営陣も従業員も一丸となって頑張ります。それによって実際に業績も上がるのですが、いったん上場を成し遂げると、安心してちょっと息切れしてしまう、というケースが多いのです。結果として、業績の数字も対前年で少しマイナスになってしまうケースが少

●上場前後の企業業績のよくあるパターン

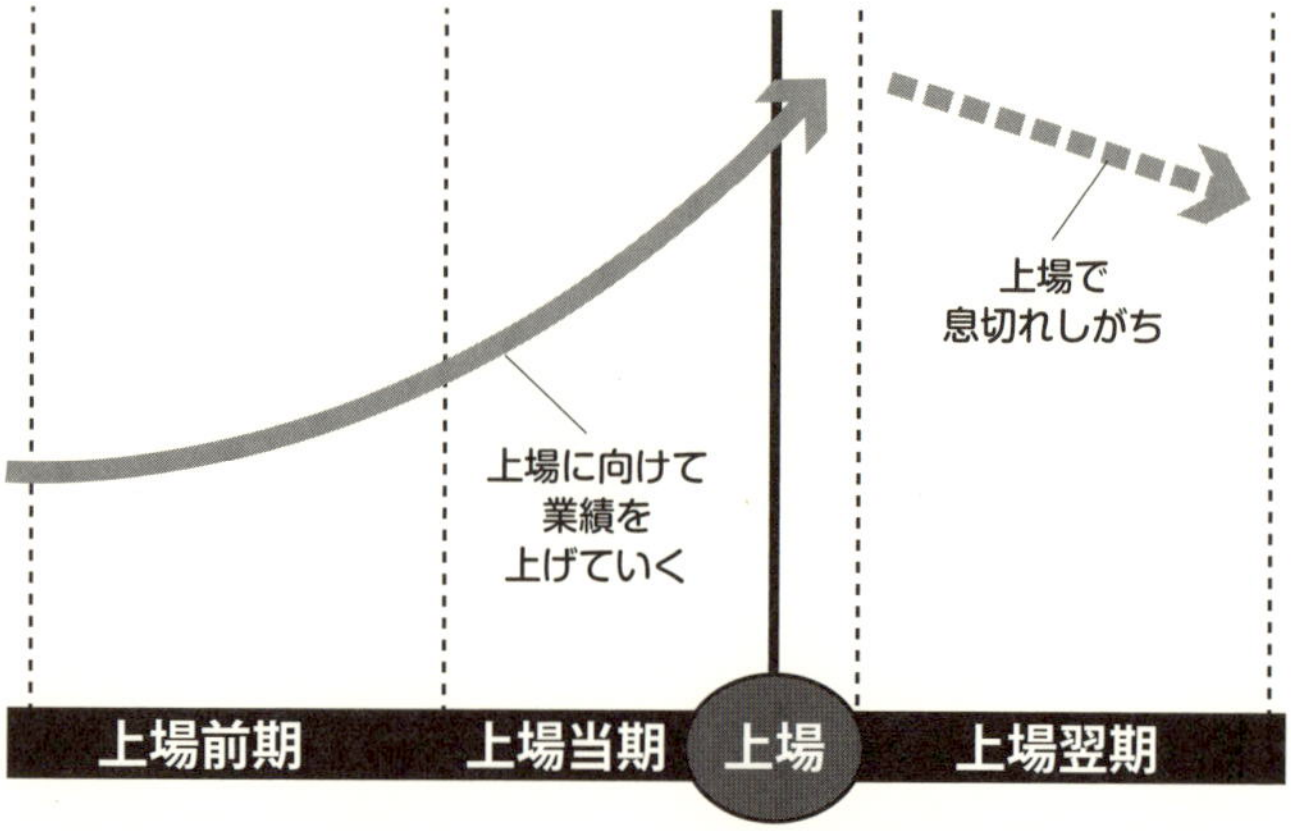

なくありません。

「この手法は上場前後の企業だけでなくて、すでに上場した企業にも使えるのではないか？」とよく質問されるのですが、こうした理由で、私はできるだけＩＰＯ前後の企業だけにこの手法を適用すべきだと考えます。**少なくとも、上場翌期の企業に使うのだけは、避けたほうがいい**でしょう。

私の主宰している塾の会員さんのなかにも、この手法を実践して、ものすごい成果をあげている人がいます。「先生、確かに言うだけのことはありますね」などと褒めてくださる人もいます。

かなり自信のある手法ですから、ぜひみなさんも試してみてください。

●うるる（3979）が上場日に公表した決算説明資料

【連結】　　（単位：百万円・％）

決算期 / 項目	平成29年3月期（予想）			平成29年3月期 第3四半期累計期間（実績）		平成28年3月期（実績）	
		対売上高比率	対前期増減率		対売上高比率		対売上高比率
売上高	1,661	100.0	17.8	1,281	100.0	1,409	100.0
営業利益又は営業損失（△）	200	12.0	－	217	16.9	△288	－
経常利益又は経常損失（△）	179	10.8	－	210	16.4	△289	－
親会社株主に帰属する当期（四半期）純利益又は当期純損失（△）	134	8.1	－	164	12.8	△314	－
1株当たり当期（四半期）純利益又は当期純損失（△）	47円66銭			58円78銭		△112円36銭	
1株当たり配当金	0円00銭			0円00銭		0円00銭	

事例検証　うるる（3979）

ここでも、事例で確認しておきましょう。

2017年3月にマザーズに上場した**うるる**（3979）は、上場当日に第3四半期決算も発表しました（上表参照）。

その決算内容を見ると、第3四半期の時点で、通期の売上高予想16億円に対し実績が12億円。これは25％の不足ですが、それ以外の営業利益と経常利益、当期純利益については、通期予想に対して、もうそれぞれに超過していました。つまり、進捗率が100％以上でした。

この時点で、同社の決算はいつなのかを調べると、3月決算でした。ということは、当然5月の中旬までには上方修正を出してく

●うるる（3979・マザーズ）　日足

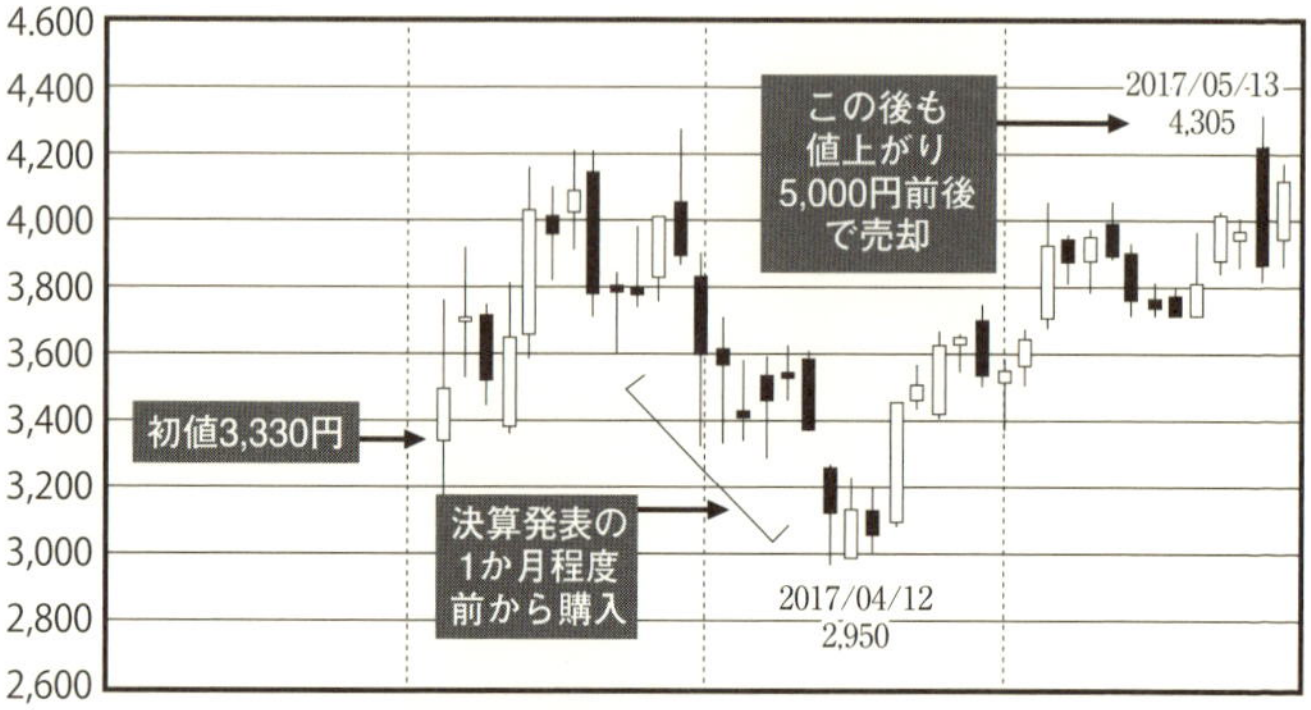

2017/03/16 上場　公開価格 3,000円 → 初値3,330円
→ 決算資料から上方修正 or 好決算を予測
→ 1か月程度前から購入していき、
上方修正や決算発表を待って売却

るか、あるいは本決算でかなりの好決算を出してくるんだろうな、と予想できます。

こういうケースが、IPO前後の企業では結構ある、というのは前述したとおりです。

そこで、決算発表の1か月前の4月頃まで待ってから仕込んで、その後の上方修正か本決算を待つこととし、実際にそのとおりに実行しました。

同社の場合は、5月12日に決算と上方修正のIRが同時に出てきましたが（左上表参照）、この上方修正が通期予想に対して売上高、営業利益、経常利益、当期純利益の全部を上方に修正する、というものすごくよい内容でした。

●うるる（3979）が5/12に公表した上方修正

２．当期の連結業績予想数値と実績値との差異（平成28年４月１日～平成29年３月31日）

	売上高	営業利益	経常利益	親会社株主に帰属する当期純利益	１株当たり当期純利益
	百万円	百万円	百万円	百万円	円 銭
前回発表予想（Ａ）	1,661	200	179	134	47.66
実績（Ｂ）	1,722	241	214	241	85.98
増減額（Ｂ－Ａ）	60	41	35	107	－
増減率（％）	3.7	20.8	19.8	79.5	－
（参考）前期連結実績（平成28年３月期）	1,409	△288	△289	△314	△112.36

当然、素直に好感されて株価は上昇。５０００円をうかがう水準になったところで、売却して利益を確定した、という事例です。

決算資料を読み解く訓練にもなる

この手法では、第３四半期の決算が出てから実際に買いに入るまで、数週間～２か月間くらいの時間があります。そのため、**比較的ゆったりと投資できます**から、本業が忙しいサラリーマンの人などにも適した手法だと思います。

経験的にも、この手法で思惑が外れてマイナスになってしまったケースはそれほど多くありません。決算資料を読み解く必要がありますので、初めての人には少々ハードルが高く感じられるかもしれませんが、確認する箇所は限られています。慣れれば誰にでもできますから、ぜひ、みなさんも挑戦してみてほしいと思います。

「IPO空白期のポートフォリオ戦略」で新規上場がない時期にも利益を狙える

全戦全勝できる投資家はいない

次に紹介するのは、**「IPO空白期のポートフォリオ戦略」**です。

「ポートフォリオ」とは、保有している金融資産をまとめて指すときに使う言葉です。その名のとおり、IPOがない時期や少ない時期でも、複数の直近のIPO銘柄を買って、まとめて保有することでトータルで儲けることを狙います。

個々の銘柄での勝敗というのはもちろん大切ですが、当然、投資ですから全戦全勝できる人はいません。

ときには思惑が外れて損をすることがあっても、全体で平均したら十分な利益を得られるようにする、という大変重要な視点を取り入れた投資手法となります。

また、IPOセカンダリーへの投資手法のうち、短期的なスパンでの利益獲得を狙うものは、どうしても実際の新規上場がないと使う機会がありません。ところが、**1年のうち1月、5月、8月といった時期には、毎年、そもそもほとんどIPOがありません**。

1月は年末年始がある関係で、企業側や取引所、証券会社などの上場準備が間に合わなくなりがちですし、5月や8月は企業の決算月との関係でIPOが少なくなり、このような傾向が出てくるのです。

こうしたIPOの空白期に、短期的なスパンの投資手法だけでは対応できません。「IPOがないから儲からない」ではなく、その前月や前々月のIPOで買える銘柄がないかを物色していくことで、1年中利益を重ねることが可能になります。

IPO再開で資金が戻ってくるのを狙う

この手法の背景にある考え方は、**循環物色する資金の流れを狙っていく**、というものです。

たとえば5月にはほとんどIPOがないのですが、6月に入って上場する企業がいくつか出てくると、市場にIPO銘柄を狙う個人投資家の資金が戻ってきます。

その資金がいったん利益確定したりして自由になると、何か出遅れている銘柄はないかとか、もう少し儲けられそうな株はないかと、循環的に物色をし始めます。そしてこのとき、4月あたりに上場した直近のＩＰＯ銘柄に資金が集まってきて、買われる傾向があるのです。

こうした循環してくる資金を予想して、安いうちに仕込んでおき、実際に上がってきたところで利益を確定する、という手法です。

ただし、このとき重要なのは**複数銘柄でポートフォリオを組むこと**。買いの資金が本当に持ち株に巡ってくるかどうかはわかりませんから、数銘柄をまとめて購入することで、リスクの分散をすることが大切です。

また、単純に前月や前々月にＩＰＯした銘柄ならなんでもいいというわけではなく、業態や業績、タイミング、ＶＳリスクなどを総合的に判断し、**少なくとも買える要素が何点か存在している銘柄だけを選ぶことで、この投資法の成功率を上げることができます。**

［ＩＲの発表に期待できるか？］

たとえば、**売買の材料になるようなＩＲが出そうかどうか、出るとしたらいつ頃になるか**といった点を意識してもいいでしょう。

ＩＰＯから１～２か月経った頃というのは、その企業からさまざまなＩＲが出てきやすいタイミングでもあります。それは、四半期決算などの決算数字の場合もありますし、既存事業の進展とか、話題性のある新事業への参画といった、いわゆる「お知らせ」的な内容の場合もあります。

いずれのケースであっても、その内容が市場で好感されれば、ＩＲの発表をきっかけとして値上がりする、というケースがよくあります。前述したように、ＩＰＯ直後の企業ではほかに取引の参考となる材料がないので、好材料には素直に株価が反応する、という特性もあります。

［同時期のＩＰＯ株に比べて出遅れた銘柄］

前月や前々月にＩＰＯした企業のなかで、明らかに株価が出遅れている銘柄を狙う、という視点もあります。

特にＩＰＯが集中した次の月などには、前月に上場した銘柄のうち、いまいち冴えない値動きをしていた銘柄が急に動意づき、どんどん値上がりしていく、というケースがよくあります。循環物色をする投資家たちの資金が集中した結果、そのようになるのでしょう。

そうした物色の対象になりやすいのは、**株価は出遅れていても、何か光るものがある銘柄**です。それが株主優待の新設期待なのか、有望なビジネスモデルなのか、テーマ株としての期待なのかはその時々でさまざまですが、そうした銘柄を選んでポートフォリオに組み入れることで、その後の「見直し買い」を期待する、という視点があります。

［進捗率に注目する手法と組み合わせる］

あるいは、前項で述べた業績の進捗率に注目する手法と組み合わせてもいいでしょう。

たとえば、前章で事例として挙げた旅工房は、２０１７年４月の上場でしたが、翌５月はＩＰＯがまったくない空白期でした。そして、同社は３月決算ですから決算発表は５月中旬です。同社は、上場時点で第３四半期の進捗率が好調で、上方修正や好調な本決算が期待できました。こういう場合、ＩＰＯ空白期となる５月の早い段階で買いに入る手法が使えます。

しかもそれを、１銘柄だけで判断するのではなく、ポートフォリオ形成の一環として行う、というわけです。

［ＴＯＰＩＸ買いを意識する］

このほか、東証１部に上場したＩＰＯに関しては、上場翌月のＴＯＰＩＸ組み入れを意識して買っていく、という視点もあります。これについては第５章で詳述しますので、ここでは触れるだけにしておきます。

事例検証　インターネットインフィニティー（6545）

ポートフォリオに、どんな銘柄をどんなところに注目して組み入れればいいのか、選択の事例としてインターネットインフィニティー（6545）のケースを紹介しましょう。

この会社は２０１７年3月21日に上場したのですが、4月3日に高値６４００円をつけてからピークアウトし、一時期、４０００円を割る水準まで下落しました。

２０１７年の4月は北朝鮮による地政学リスクがありましたから、地合い自体も悪かったのですが、上場間もない業績好調なＩＰＯ株が、短期的に4割近くも下げるのはやりすぎではないかと私は見て、4月のＩＰＯが終わったあとに平均４１２５円で２００株買い付け、ＩＰＯ空白期である5月に向けたポートフォリオに加えることにしました（投資総額：82万５０００円）。

このあと、同社は4月末に名古屋鉄道との業務提携をＩＲで発表し、翌営業日は丸１日ストップ高しました。

まだ5月に入る前だったのですが、私は十分に利益を確保できると判断して、その翌日に売り注文を出し、５２６５円で売却して**短期間で22万円という利益**をあげました。

もともとインターネットインフィニティーという会社には大変注目をしていました。同社は

●インターネットインフィニティー(6545・マザーズ)　日足

※チャートの価格は株式分割前のもの

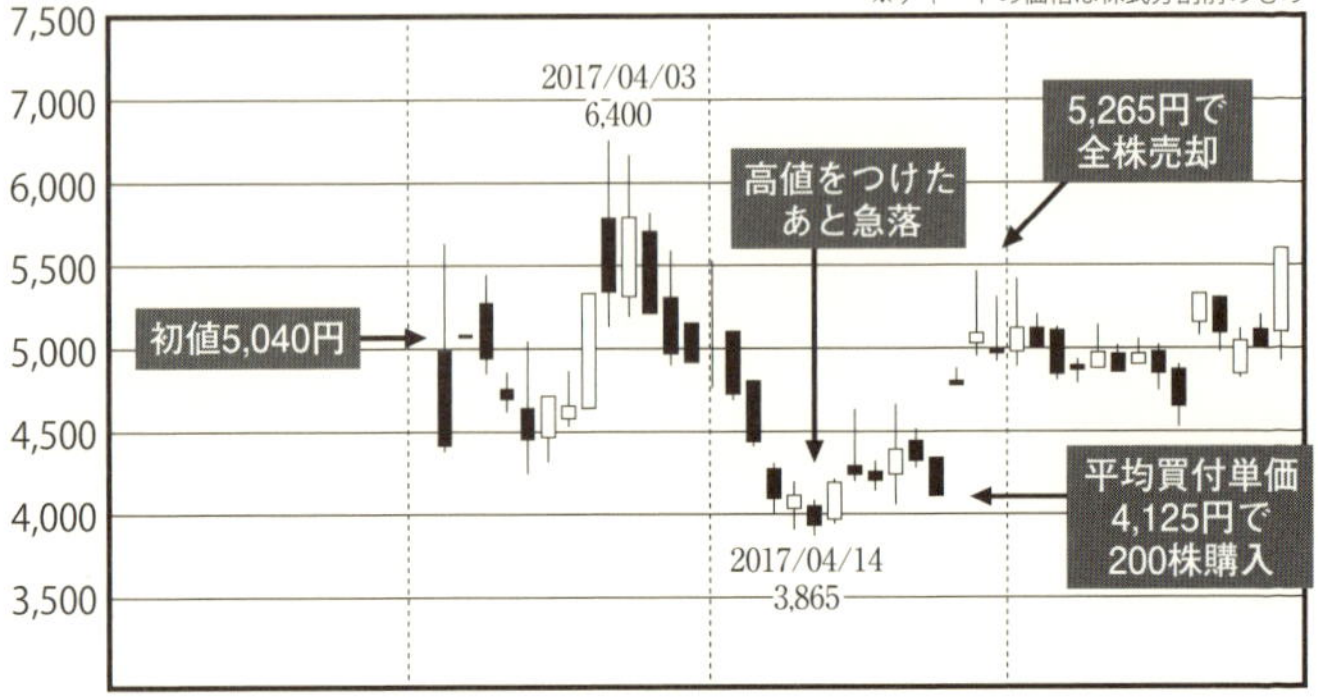

2017/03/21 上場　公開価格 1,320円 → 初値5,040円
→ 上場後に高値6,400円をつけたあと、急落
平均買付価格 4,125円 × 200株
→ 5,265円 × 200株売却　+228,000円

介護施設などのフランチャイズを手がけており、上場企業には類似した業態がほとんどなかったので注目していたのです。

3月に上場した企業のなかでは、「いい会社なのに4月に入ってからずいぶん売られているな～」という見方をしていたので、空白期に向けて買い付けにいった、というわけです。

1銘柄だけではリスクが大きすぎる

繰り返しになりますが、空白期に向かって買っていく場合には、1銘柄だけだとその銘柄が少し下落してしまったり、評価損になってしまったりしたときに負の影響が大きくなってしまいます。

銘柄数を広げて、いくつかの銘柄でポートフォリオを組んで売買することを、しっかり意識してください。

セカンダリー投資家にとっての重要な祭典「年末年始の持ち越し戦略」

1月にかけて持ち越すことで利益を狙う

次に紹介するのは、前項のポートフォリオ戦略の派生型です。

毎年の年末年始には、当然ですが市場は開いていませんから、IPOの空白期となります。さらに、1月にも通常はIPOがありませんので、**年末にポートフォリオを組んで有望な銘柄を持ち越すことで、1~2月にかけてトータルで利益を出す**ことを狙います。

IPOセカンダリー投資家にとっては、毎年恒例にして、年間で最大のイベントです。競馬で言うところの「日本ダービー」みたいなものですね。

具体的には、**11月、12月にIPOした銘柄のなかから、見るべき材料がある銘柄をいくつか選んで買い付け、翌年に持ち越します。**

すると、大抵は年明けにいろいろなイベントがあります。「日経ヴェリタス」が、昨年上場した企業のなかから今年大化けする企業、といった特集記事を毎年書きますし、各マネー誌やマネー系の番組でも、今年活躍しそうな新興市場株についての記事や特集がよく露出します。こうしたイベントによって、値上がりすることがよくあります。

さらには、**11月、12月のＩＰＯのなかで、「オンリーワンの企業」を選ぶと成功率が上がります**。上場している同業他社がいないオンリーワン企業というのは、案外１月、２月に入ると物色されるケースがあるので、そういう企業を意識して買い付けていきましょう。

あとはＶＳリスクがない銘柄や、または11月に上場したけれども12月に急落してしまい、タイミング的に１月には持ち直すのではないかと予想される銘柄など、そういった銘柄をまとめていくつか買ってポートフォリオを組むのです。

ひとつ、ふたつ負けても全体で勝てばよい

実際の事例を紹介しましょう。２０１４年末の事例です。このときには、私は次の６銘柄を選んで年末年始を持ち越しました。

・U-NEXT（9418）
・マークラインズ（3901）
・フルッタフルッタ（2586）
・エクストリーム（6033）
・GMO TECH（6026）
・CRI・ミドルウェア（3698）

U-NEXTについては、VSリスクがないところに注目して選びました。

マークラインズは自動車の部品などに関するオンラインサービスを手がけている会社で、ほかに類似企業が上場していなかったところに注目しました。前述したオンリーワン企業です。

フルッタフルッタは、当時大人気だったアサイーの製品を扱っていて、優待が出たらおもしろいだろう、と考えて買い付けました。

エクストリームはVCリスクがなく、時価総額も軽かったほか、ゲーム会社なのでもし人気作が出たりすれば値が跳ねることがあるかもしれない、と考えて選んでいます。

GMO TECHはVSリスクがないところに注目。CRI・ミドルウェアは11月のIPO

株でしたが、株価がいったん値下がりしていたので、ちょっと拾ってみようか、ということで購入しています。

このように、年末の恒例行事ですので、ある意味では結構気軽な感じで選んでいます。

それでは、結果はどうなったのか？

12月30日の終値と1月５日の終値の対比をしてみると、次のようになりました。

［12月30日の終値と1月5日の終値の対比］

- U-NEXT　＋2.48％
- マークラインズ　＋17.16％
- フルッタフルッタ　＋2.68％
- エクストリーム　＋15.68％
- GMO TECH　＋15.02％
- CRI・ミドルウェア　＋10.15％

12月30日のそれぞれの終値に対して、1月5日の終値は軒並み高いということを理解してもらえると思います。大発会などを経て、毎年1月というのは小型株が主に物色される傾向が強いため、そうした傾向もこの好成績の背景にあるでしょう。

1月に入って、すぐに一律に売ってもそれなりに利益を取れますし、その後の値動きを見ながら、より大きな利益を狙っていくのもよいかと思います。実際、私はいつもそのようにしていて、最終的には次のように利益を得ることができました。

[買い付け時と売却時の対比]

- **U-NEXT** ＋90・1%
- **マークラインズ** ＋75・6%
- **フルッタフルッタ** 損切り
- **エクストリーム** ＋79・00%
- **GMO TECH** ＋16・40%
- **CRI・ミドルウェア** ＋6・70%

フルッタフルッタについては、その後に値を下げてしまったので損切りしましたが、それぞれがかなり高いパフォーマンスで売却できた年になりました。

ひとつやふたつの銘柄の成績が悪くても、全体ではまとまった利益をあげることができる、というのがよくわかるかと思います。一つひとつの銘柄を見ていくと、マイナスだったりプラスだったりするのですが、年末年始からの持ち越しというくくりでポートフォリオ全体を見ていくと、全体では十分利益が出る、というわけです。

第4章

IPOセカンダリー投資で さらに利益を増やす方法&考え方

「ＩＲ狙い」でいくなら、自ら動いて可能性を高めるべし！

この章では投資スパンにはこだわらず、さらにＩＰＯセカンダリー投資による利益を伸ばしていくのに役立つ方法、または考え方を紹介していきましょう。

ポジティブな適時開示情報に先回り

まず紹介するのが「**ＩＲ狙い**」で、企業の発表に先回りする考え方・手法です。

ご存じのとおり、ＩＲとは「インベスター・リレーションズ（Investor Relations）」の略で、広義には「上場企業が行う投資家向けの広報活動全般」のことを指します。ただ、株式投資でＩＲと言えば、普通は企業が取引所をとおして公開するさまざまな「**適時開示情報**」のことを指します。

第３章でも述べたように、ＩＰＯ直後の会社では、投資家がその企業について判断する情報がほとんどありません。そのため、そこにポジティブなＩＲの発表があると、株価に素直に反映されます。それまでの株価の横ばいトレンドを打ち破って（＝ブレイクして）、上振れしたり、直近の高値を更新したりするわけです。

そうした現象を、私は「**ＩＲブレイク**」と呼んでいます。そして、**こうした展開を先読みして、先回りすることを考えると、ＩＰＯセカンダリー投資での利益をさらに伸ばせる**のです。

昇格期待か好業績に関係するＩＲがほしい

では、具体的にはどんなＩＲがよいのか？

ポジティブな内容のものならなんでもいいのですが、発表があると特に大きく株価に影響するのは、「**株主優待の新設**」「**株式分割**」「**立会外分売**」「**月次の進捗**」「**他社との業務提携**」「**業績の上方修正**」などです。

［株主優待の新設］

まず「株主優待の新設」は、ストレートに好感されて、株価が上昇するケースがほとんどです。

株主優待には、それを目当てに株を買う「株主優待投資家」や「優待ファン」がたくさんいます。そのため株主優待の新設が発表されると、これらの層の買いが集まり、大抵は株価が窓を開けて大きく上昇するのです。

また、株主優待の新設には**株主数を一気に増やす**効果もあるので、**その会社が将来の東証1部への昇格を目指している可能性を投資家に感じさせる、**という一面もあります。

東証1部への昇格には、株主数について「2200人以上」という要件が決められているため、その条件を満たすために優待新設を実施したのではないか、と投資家は期待するわけです。

【株式分割、立会外分売】

同じく、「株式分割」や「立会外分売」のIRも、主に昇格への期待で好感されます。

「株式分割」は1：2や1：3などの一定の割合で、会社が既存の株式を分割する施策です。直接的には株主数ではなく、**その企業の発行済株式数を増加させる**効果があります。

また、分割によって**最低単元あたりの価格が下がり、個人の投資家が買いやすくなる**というメリットもあります。その結果として、間接的に株主数も増えることが期待されます。

東証1部への昇格には、流通株式（発行済株式のうち、その会社の経営陣、関係者などが保有している株式や自社株を除いた分）の数についても2万単位以上、かつ流通株式の比率が35％以上という要件が設定されています。

ＩＰＯした企業が、早々に株式分割をしてくるということは、これまたこの昇格要件のクリアを狙ったものなのではないか、と投資家は考えるのです。

もうひとつの「立会外分売」は、企業の経営者などが大量に保有している持ち株の一部を、通常の市場での売買をとおさない形で、一般の投資家に向けて広く売却するものです。１人あたり何株までと分売時に制限をつけることで、**株主数を増やすと同時に、流通株式数とその比率を高めることができる**施策です。

これも、右に述べた昇格要件を満たすためのものではないかと期待され、株価が上振れしやすい施策となります。

ＩＰＯ後にこうした施策がＩＲで発表されると、株価は素直に上へ跳ねるのです。

［月次の進捗］

次の「月次の進捗」とは、株価を強く意識している会社が、月ごとの売上数字や利益額を発表するものです。

上場企業に通常求められているのは、四半期ごとの数字の公表ですから、月次の進捗を公表している会社は、一般的に求められている以上に細かく、タイムリーに自社の状況を市場や株主に公開していることになります。

ちなみに、ＥＣサイト運営会社や旅行会社などの小売業の会社が公開しているケースが多い印象がありますが、製造業など他の業種でも、株価への意識が高い会社では公開していることがよくあります。

月次で細かく会社の状況を把握できるので、投資家は本当に会社が成長しているのかどうかをすぐに判断でき、それがよい数字なら株価にも寄与する、というわけです。

［業務提携や業績の上方修正］

ほかに、「業務提携」や「業績の上方修正」のＩＲも株価を上昇させます。

「業務提携」はさすがに確実には予測できませんが、事業内容についての資料や報道などを追っていると、ある程度は推測できることがあります。

前述したように、「業績の上方修正」については、進捗率の数字に注目することで高い確率で予想可能です。

ＩＰＯではネガティブなＩＲの影響も大きくなる

ちなみに、あまりありがたくないＩＲもあります。

筆頭は「**公募増資**」の発表で、企業が株式市場から資金を調達するために、新たに株を発行する施策となります。

発行済株式数が増えて**1株あたりの価値が希薄化することになるため、通常は発表で株価が下がります**。既存の株主にとっては、期待外れのＩＲになるわけです。

ただし、公募増資によって流通株式数や株主数は増え、また企業側は新規投資のための資金を手にすることができます。企業が東証１部への昇格を目指している場合に取ることが多い施策のひとつでもあるため、中長期的には買える場合も多くあります。

しかし短期的にはどうしても株価が下がってしまうので、既存株主にとってはあまりありがたくないＩＲであることには間違いありません。

企業側もそれはわかっているので、株主優待の新設と同時に発表したりして、プラスの影響とマイナスの影響を相殺しようとすることもよくあります。特に**手元資金に余裕がない企業の場合には公募増資のＩＲが出やすい**、ということを覚えておいてください。

また、当然のことですが「業績の下方修正」や悪い数字の「月次の進捗」といった**ネガティ**

ブなＩＲが出れば、ほかに材料がないＩＰＯ株は素直に反応して大きく下落しますので、この点にも注意しておきましょう。

典型的なパターンを知っておくことが重要

さてこの手法では、ＩＰＯしたばかりの企業がこうしたポジティブなＩＲを出すことを予想して、先回りして買っておくことを目指します。

ある程度、その後の企業側の行動が予想できる典型的なパターンがいくつかあるので、まずはそうしたパターンを知っておくことが、この手法における基本となります。

［株主優待の新設が予想できる典型的なパターン］

たとえば株主優待の新設の場合なら、ＩＰＯした企業の業態によって、高い確率で株主優待の新設が予想できるパターンがあります。それは、**株主優待として使いやすい商品、特に食品や雑貨を取り扱っていたり、提供・製造したりしている会社**です。

こうした会社の場合、優待を新設しても、自社で仕入れたり生産したりした商品の余剰分を使えばいいだけですから、そうでない場合に比べて優待新設のコストがそれほどかかりません。

●ほぼ日（3560・ジャスダック）　週足

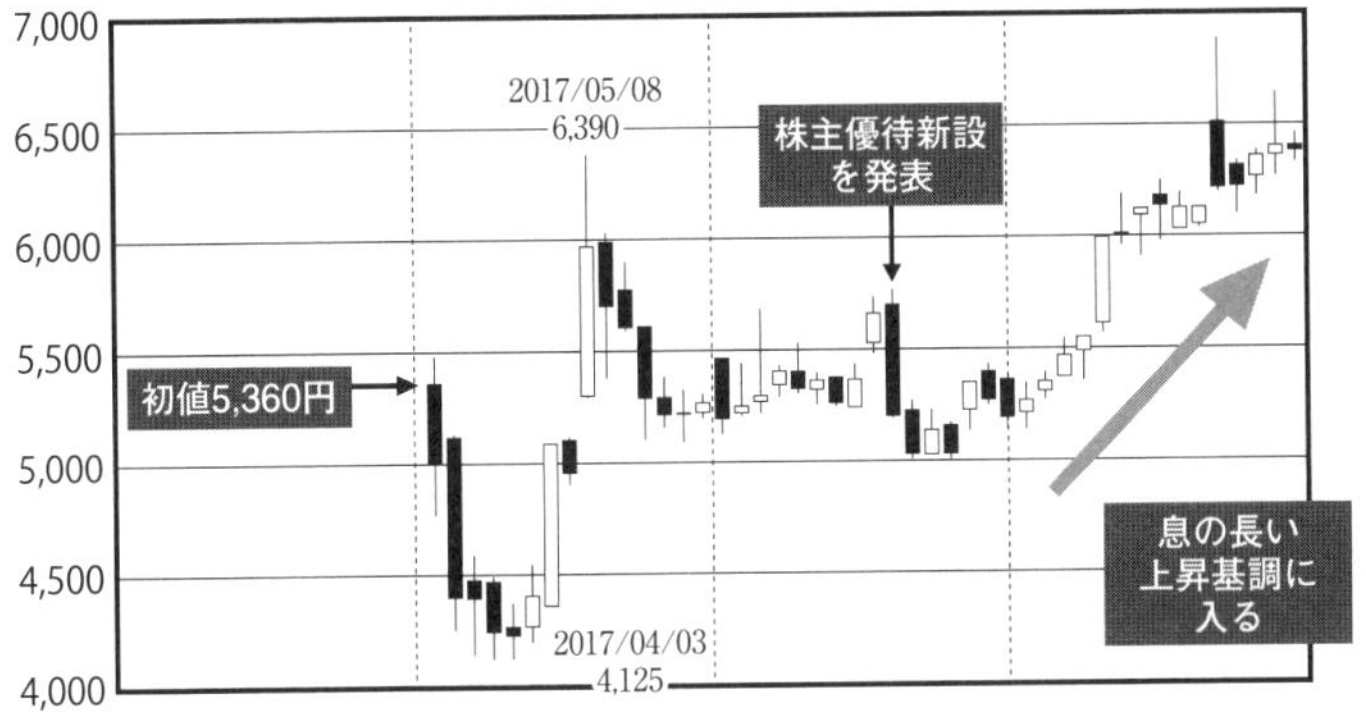

2017/03/16 上場　公開価格 2,350円 → 初値5,360円
→ 株主優待新設が予想される
→ 実際に2017/08/25に優待新設発表のIRが出る
→ 直後はイベント通過で下げたが、その後は上昇基調に

そのため、どこかの時点で株主優待の新設を行い、株価の上昇や株主数の増加を図ってくることがよくあるのです。**特に飲食系企業の場合には、IPOから半年以内には優待新設のIRを出すケースが多い**ので、このパターンは必ず覚えておくといいでしょう。

事例検証　ほぼ日（3560）

事例を挙げると、たとえば2017年3月に上場した**ほぼ日**（3560）は、非常に人気が高い「ほぼ日手帳」という有力自社商品を有しています。そのため、IPO後のどこかの時点で、株主優待として「ほぼ日手帳」を必ず出してくるだろう、と簡単に予想ができました。

実際、同社は同年の8月27日に、「ほぼ日5年手帳」を優待商品とする、株主優待新設のIRを発表しています。

このときは、あまりに優待新設に対する期待が市場に広まっていたためか、IRの発表直後は逆にイベント通過で値下がりしてしまったのですが、その後、優待の権利確定日に向けてすぐに値を持ち直しました（その後も、本書執筆時点にまで至る比較的長い上昇基調に入っています／前ページ図参照・別途後述）。

このように、雑貨などの小物、食品等を扱うIPO株では、上場後短期間のうちに株主優待新設のIRを発表する可能性が高いわけです。


［株式分割や立会外分売など、1部昇格に向けたIRが予想できる典型的なパターン］

また、株式分割や立会外分売など、東証1部への昇格期待に関係するIRについては、**企業側の意向を示す情報がすでに公表されているパターン**を知っておくと役立ちます。

中期経営計画などの適時開示情報のなかで、IPO後、早期のうちに東証1部昇格を目指すことを公言している場合もありますし、メディアによるインタビュー記事のなかで、経営者がその意志を示している場合もあります。

こうしたさまざまな形で、企業側がＩＰＯ後、早期に東証１部昇格を目指す意志が確認できる場合には、企業側は当然、それに向けた施策も打ってくるはずです。基本的には株式分割か立会外分売、場合によっては株主優待の新設も期待できるでしょう。

しかも、そのように成長意欲の強い企業は、**最短期間での昇格を狙うために、上場から半年～１年程度のあいだにこうした施策を矢継ぎ早に打ってくるのが典型的なパターン**です。

よって、その発表に先回りする、ということもできるのです。

ただし、このパターンではありがたくない公募増資のＩＲも出てくる可能性があるので、企業の財務状況にもある程度、目配せしておくと、投資の成功確率をより上げられるでしょう。

［株式分割が予想できる典型的なパターン］

ほか、**ＩＰＯ時の公募売出数が少なく、現時点での株価が数千円を超えている「値がさ株」の場合には、上場後およそ３か月～半年程度のあいだに、個人投資家がより買いやすいような価格となるよう株式分割を発表する、というのが典型的なパターンになっています。**

たとえば２０１７年３月15日上場の**ファイズ**（９３２５）は、この条件に合致する銘柄でしたが、実際に同年の8月21日に株式分割のＩＲを発表しています。

［上方修正を予想できる典型的なパターン］

業績の進捗率から上方修正のＩＲを予測する方法については、すでに前章で詳述したのでここでは触れません。

能動的に動いて、その他大勢より一歩先に進むことを意識する

こうしたＩＲの予想については、**実際にその企業のＩＲ担当窓口に問い合わせをしたり、働きかけをしたりすることで、その確度を上げることも可能**です。

上場した企業のホームページには大抵、株主向けの問い合わせフォームがあります。そのフォームをとおしてメールで問い合わせをしてもいいですし、直接電話をかけてしまってもかまいません。

そうして企業のＩＲ部門に直接確認することで、公表されている以上の情報を入手できることがあり、また、こちらからリクエストを出すこともできるのです。

もちろん先方に言葉を濁されたり、答えてもらえなかったりすることもありますが、いずれ

にせよ公表を予定している情報については、その他大勢の投資家より早く入手できる場合があります。**自らが能動的に動くことで、一歩先回りするだけの時間を手にできる**のです。

事例検証　ストライク（6196）

事例で確認しましょう。2016年6月にマザーズに上場した**ストライク（6196）**です。同社は、2017年の1月末に立会外分売をしています。

立会外分売を行うことで、当然ながら株主数はかなり増えたはず。しかし、立会外分売のあとの3月に刊行された「会社四季報」では、掲載されている株主数は700人弱で、まだ立会外分売以前の情報のままでした。

ちなみに東洋経済新報社発行の「会社四季報」は、原則として年4回発行され、3月、6月、9月、12月の中旬に、その時点までに編集されたデータが公表されます。よって、同社の立会外分売後の株主数が同誌に掲載されるまでには、3か月後の6月刊まで待たなければなりませんでした。かなりの時間差があるわけです。

ところで、株主数というのは、先ほども述べたように東証1部昇格の際の主要なハードルとなる要件です。そのため立会外分売で株主数がどれくらい増えたかがわかれば、同社がさらに

●IR担当者からの返信内容（一部）

> 柳橋 様
>
> ㈱ストライク IR担当の　　です。
> この度は、IRへお問い合わせいただきありがとうございます。
> 平成29年2月末日現在の当社株主数は約3,000名となっております。
> 今後ともご支援賜りますようお願い申しあげます。

株主数を増やすために別の施策を打ってくるかどうか、あるいは、1部昇格へと向けてどこまで条件を満たしたか、などが推測でき、今後、同社がどんなIRを出してくるかもある程度予測できるでしょう。

こういうときには、**その企業のIR担当部門に問い合わせてみることをお勧めします。**

私は、同社のホームページにあった株主向けの問い合わせフォームから、「当方は御社の株主なのですが、立会外分売を経て、御社の現在の株主数は何人になったでしょうか？」と直球で問い合わせてみました。

すると、数日のうちに「約3000人です」という内容の返事がきました（上図参照／私信につき一部を隠しています）。

なお、**マザーズ、ジャスダック、あるいは東証2部から最速で東証1部に昇格するには、IPOから最低1年の時間が必要、とする取引所側のルールがあります。**同社の場合、すでに2200人という株主数の要件を超えていて、他の要件もほとんどクリアしていました。問い合わせをしたのは2017年の3月ですから、上場時期からおよそ9か月が経っています。

もしかすると、早期の昇格とそれに向けたIRの発表もありうると考え、先回りして買い付けることができた、という事例です。

事例検証　日本モーゲージサービス（7192）

もうひとつ、問い合わせを通じて会社にIRの発表を働きかけることもできる、という事例を紹介しておきましょう。

2016年12月19日にジャスダックに上場した**日本モーゲージサービス**（7192）は、公開価格2010円に対して初値2810円で、40%以上の騰落率でIPOしてきました。

その後、株価は3か月ほどかけて3700円台にまで上昇し、そこでいったん高値をつけてから、2000円台を推移していました。

しかし、5月に決算短信を出したところで急落してしまいます。

決算を出した2017年3月期については、それまでの通期予想をさらに上方修正したよい内容でした（次ページ上表参照）。58億円の売上高に対して、営業利益8億円、経常利益

●日本モーゲージサービス（7192）が5/19に公表した2017年3月期の決算

1．平成29年３月期の連結業績（平成28年４月１日～平成29年３月31日）
（１）連結経営成績　　（%表示は対前期増減率）

	営業収益		営業利益		経常利益		親会社株主に帰属する当期純利益	
	百万円	%	百万円	%	百万円	%	百万円	%
29年３月期	5,864	11.6	806	46.6	784	41.9	556	47.9
28年３月期	5,253	32.1	549	228.8	553	227.2	376	513.3

（注）包括利益　29年３月期　557百万円（46.3%）　28年３月期　381百万円（473.2%）

	１株当たり当期純利益	潜在株式調整後１株当たり当期純利益	自己資本当期純利益率	総資産経常利益率	営業収益営業利益率
	円 銭	円 銭	%	%	%
29年３月期	262.19	－	25.8	4.5	13.7
28年３月期	185.85	－	27.3	3.5	10.5

（参考）持分法投資損益　29年３月期　－百万円　28年３月期　－百万円
（注）当社は、平成28年10月13日付で普通株式１株につき200株の株式分割を行っております。前連結会計年度の期首に当該株式分割が行われたと仮定して１株当たり当期純利益を算定しております。

7億8000万円、当期純利益5億5000万円ということで、その前に上方修正した数値をも超える文句なしの内容です。

ところが、今期予想がダメだったのです（下表参照）。

通期での売上高予想は58億円で、前期とほとんど変わらず。問題の利益面が営業利益5億円、経常利益も5億円、当期純利益は3億4000万円と、対前期で軒並み4割弱の減益予想でした。

当然、翌営業日の同社の株価はストップ安になります。この場面で私は、同社株を2000円台前半で何百株か打診買いをしました。

しかし、同社についての情報を調べてみても、なぜこんなに今期の決算予想が冴えないものに

●日本モーゲージサービス（7192）が5/19に公表した2018年3月期の予測

3．平成30年３月期の連結業績予想（平成29年４月１日～平成30年３月31日）
（%表示は、通期は対前期、四半期は対前年同四半期増減率）

	営業収益		営業利益		経常利益		親会社株主に帰属する当期純利益		１株当たり当期純利益
	百万円	%	百万円	%	百万円	%	百万円	%	円 銭
第２四半期（累計）	2,810	△4.6	190	△57.3	190	△57.4	110	△64.4	46.24
通期	5,870	0.1	500	△38.0	500	△36.3	340	△38.9	142.92

●日本モーゲージサービス（7192・ジャスダック）　日足

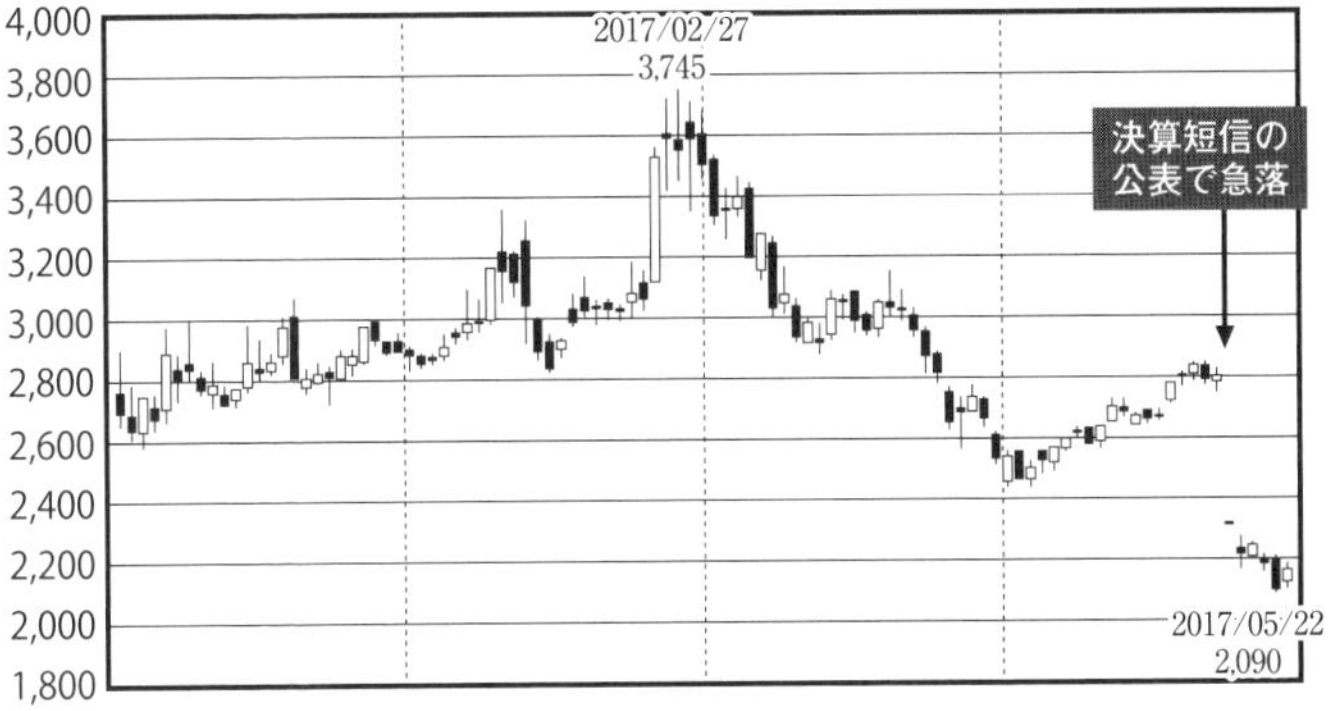

2016/12/19 上場　公開価格 2,010円 → 初値2,810円
→ 上場後のレンジ相場から悪内容の来期予想公表で急落
→ IR担当に直接問い合わせ

なったのか、理由がわかりません。そこで、直接会社に問い合わせることにしました。

まずはメールで問い合わせてみましたが、返信が遅いので直接電話したところ、ＩＲの担当者から詳しい話を聞けました（ちなみにその数日後、同じ内容のメールもきちんと返ってきました）。

その内容を要約すると、今期はかなりの出店をして、大きな投資をしているために業績が一時的に下がってしまう「踊り場的状況」にあるが、来期以降は今期の投資のリターンが返ってくるので、再度成長路線に戻れる見込みだ、ということでした。

このようにしてＩＲの担当者から直接話を**聞けば、現在の会社の状況や今後の展望も詳**

しくわかります。長期投資の目線で考えるなら、このまま持ち続けたり、むしろ買い増すことも選択肢に入るでしょう。

また、実際にその後、同社のホームページには20店舗を出店したことのプレスリリースが掲載されたのですが、これはプレスリリースだけで適時開示情報には載っていませんでした。そのため、ほとんどの投資家に気づかれませんでした。

そこで私は、再度ＩＲの担当部門に連絡して、**プレスリリースだけではダメで、適時開示情報にもきちんと情報を出すように要請**しました。

恐らく、同じような株主からのリクエストが多かったのでしょう。数日後には、実際にその大量出店のニュースを盛り込んだ決算説明資料が、適時開示情報として掲載されました。

会社と株主は、利益を共有するステークホルダーという意味では同じ立場に立っています。会社の株価を引き上げ、企業の利益になるような提言をするのは、法的にもまったく問題ありませんし、むしろ求められていることです。

その過程で、会社についてのより新鮮な情報を得て、ＩＲの発表に先回りするという視点も、ぜひ意識するようにしてください。

「時価総額に注目する手法」で、いま投資できる銘柄を探す

時価総額の大小に注目しよう

続いて、「**時価総額に注目する方法**」を紹介しましょう。

これは、ＩＰＯのあとに評価すべき材料がなくて低位で放置されている銘柄や、ＩＰＯ集中日などに需給面から出遅れてしまった銘柄などに対して、時価総額に注目することで、投資できる銘柄を選別する、あるいは「拾う」ための手法、考え方です。

では、具体的には時価総額のどんなところに注目するのか？

基本的には、**時価総額が小さすぎないか**、また逆に**大きすぎないか**、というふたつの視点で見ていってください。

小さすぎる時価総額は低評価のサイン

ここは事例で解説しましょう。まずは時価総額が小さすぎないか、という点に着目した場合です。

事例検証　安江工務店（1439）

2017年の2月にジャスダックに上場した**安江工務店（1439）**は、住宅のリフォームやリノベーションを行ったり、新築の注文住宅をつくったりしている名古屋の会社です。

公開価格1250円に対して、初値は1300円でつきました。初値騰落率はあまり振るわず、わずか4%。公募で抽選に当たった人は、100株あたり5000円しか儲けられませんでした。

さて、同社の株価は、上場後の数日間は1200円から1500円のあいだでレンジ相場を形成していました。

私はこの段階で、この会社がヤフーファイナンスの市場別時価総額ランキングに入ってきているのに気づきました。ただし時価総額ランキングと言っても、時価総額が大きい企業としてではなく、**時価総額が小さい企業のワースト80位としてランキングされていた**のです。

●安江工務店（1483・ジャスダック）　日足

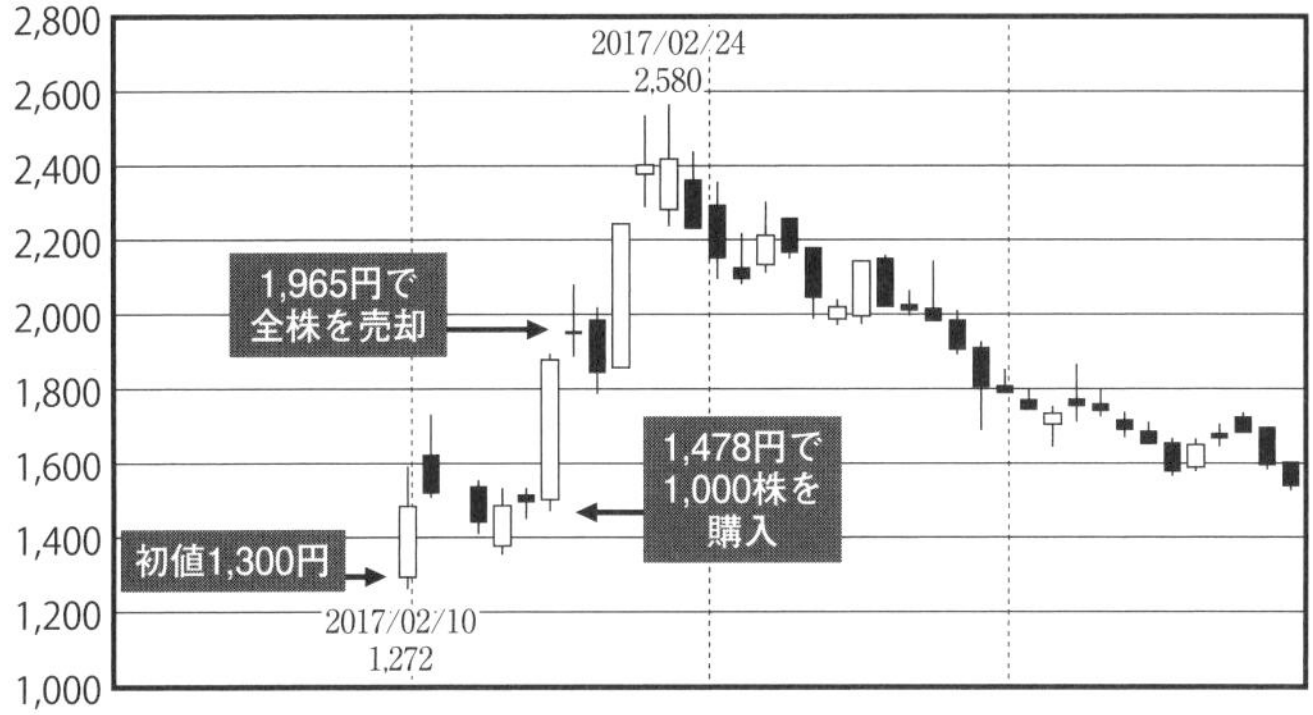

2017/02/10 上場　公開価格 1,250円 → 初値1,300円
→ 1,478円 × 1,000株購入
→ 1,965円で全株売却　+487,000円

ジャスダックに上場している企業は、当時700社くらいありました（本書執筆時点でも、上場企業数はあまり変わっていません）。

このうち、時価総額が小さい企業のランキング、ワースト1位から50位に入っているような銘柄は、ほとんどがいわゆる「ジャンク株」で、上場してもう時間もかなり経っている、いわくつきの企業ばかりでした（これらの企業の関係者がもし読者にいましたら大変申しわけなく思いますが、残念ながら事実です）。

よくない噂があったり、赤字経営が続いていたり、市場から成長性がないと見られていたり、さまざまな事情や思惑で、上場企業にもかかわらず時価総額が数億円にしかならない会社ばかりなのです。

そんな企業ばかりランクインしているなかに、いくら人気が集まらなかったＩＰＯとはいえ、**上場してまだこれから成長しようとしているＩＰＯ株が上位に入っているというのは、さすがに低く評価されすぎなのではないか**、と考えることができます。

そこで、安江工務店について詳しく調べてみると、一族経営なのでＶＣリスクがまったくない、ということがわかりました。また公募の売り出し株数が約49万株と、基準となる50万株以下で、需給の面から十分買える銘柄なのではないか、とも思われました。

私は買い付けることを決めて、１４７８円で１０００株を購入。

様子を見ていたところ、市場で再評価されたのか数日のうちに物色の波がやってきたため、１９６５円で全株を売却しました。

わずか数日の投資で48万７０００円の利益を得た、という事例です。

この手法の場合には、ある程度短期間のうちに利益確定することを狙っていきます。そのため、購入のタイミングが重要になります。

上場直後の銘柄について、市場別のワーストランキングで時価総額がいまどれくらいの順位につけているのかを見ていくことで、その購入タイミングを計ることができる、というわけです。

そして、**そこにVSリスクの有無など他の視点も組み合わせていくことで、さらに成功確率を高める**ことを狙っています。みなさんも参考にしてみてください。

なお、このときに参照するランキングは、別にヤフーファイナンスのものである必要はなく、メジャーなものならどれでもかまいません。各自が、それぞれに使いやすいものを使えばよいと思います。

大きすぎる公開時時価総額は「低調な初値騰落率」を示唆する

次の「時価総額が大きすぎないか」という視点は、第2章で紹介した「需給面からの出遅れ銘柄を探す手法」などを適用する際に、ＩＰＯ企業の時価総額に注目することで、より効率的に銘柄を探せる、といった使い方をします。

たとえば、74ページでも事例として挙げたビーグリーは、公開時時価総額が１００億円以上と、マザーズへの上場企業としては比較的規模が大きな銘柄でした。このほか市場吸収額も大きく、結果として初値騰落率はプラス０・05％と大変な低調に終わっています。

また少し古い事例ですが、2013年12月に上場した**シグマクシス**（6088）なども、同じく公開時時価総額が140億円以上あり、初値騰落率が低調になることが事前に予想できました。

実際に、同社の初値騰落率はわずか0・33％となり、事前の予想どおりになっています。

このように、**公開時時価総額が大きすぎる銘柄の場合は、初値の騰落率が低調に終わったり、場合によっては公募割れを起こす事態を事前に予想できます**。

ただ、初値の騰落率がこのように振るわなかった銘柄は、前述したように、その他の条件などが合えばしばらく時間が経ったあとに循環物色されることがよくあります。時価総額が大きすぎないかを見ることによって、そうした条件に合った銘柄を探しやすくなるのです。

「循環物色の波」を意識すれば、いつでも、何度でも投資できる

上場後1週間程度で、いったん出来高が減少していく

ＩＰＯのセカンダリー市場へ投資する際には、**「循環物色の波」を意識する**ことも重要です。

ＩＰＯ直後にその株を売買する投資家というのは、読者のみなさんや私自身を含めて、基本的にはいわゆる「**短期筋**」です。つまり短期売買が大好きで、ＩＰＯ直後の大きなボラティリティを狙う人たちが集まっている、ということです。

そのため、ある銘柄がひととおり売買されて、上にしろ下にしろ当面の方向性が決まって値動きが収束していくと、「じゃあ次はほかの、まだ動いていない銘柄や、出遅れている銘柄に移ろう」となり、次の銘柄へと資金が移っていく傾向があります。

本来、人気がある銘柄であれば、期待されていったん株価が値上がりしたら、そのあともそのまま値上がりしていく、という形になってもいいはずなのですが、**短期筋の投資家は次へ、**

次へと資金を移しながら売買していくので、なかなか一方通行な展開にはならないのです。

逆に、ＩＰＯの直後にはあまり人気がなく、期待外れな値動きに終わっていた銘柄のなかでも、見るべきところのある銘柄にはこうした短期筋の資金が入ってくるので、ＩＰＯから少し経ってから値を上げてくる、というケースがよくあります。みなさんも「あれ、なんでこの銘柄、いまごろになって盛んに売買されているんだろう？」と感じることがあるのではないでしょうか？

まずは、ＩＰＯ株はこのように、循環的に物色されて売買されている、ということを知っておきましょう。**個々の銘柄はおよそ1週間ぐらい物色されると取引高が少なくなり、次の銘柄へと波が移っていきます。直近1～2か月程度にＩＰＯした銘柄を対象に、そうした動きが順番に繰り返されていく**のです。

この「循環物色の波」に乗る意識を持つことで、同じ銘柄で何度も利益を重ねたり、ＩＰＯがない時期にも投資を続けたりできるようになります。

ここまでに紹介した視点や手法を組み合わせる

その際には、循環物色の波が巡ってきやすい銘柄の特徴を知っておくと、さらにこの手法の優位性が高まります。

まずはここでも、**VSリスクが存在しない、あるいは少ない銘柄**を選ぶこと。この点に注意することによって、しばらくは値上がりしにくい要因を持つ銘柄を、ある程度避けることができます。

またこれもすでに前述していますが、**高値から大きく急落している銘柄**は、そこから先の下値が限定的となるため、循環物色の波が巡ってきやすい銘柄だと言うことができます。

さらには、決算月や業績の進捗率、事業内容に注目したりすることで、**今後なんらかのポジティブなIRが発表される可能性が高いと思われる銘柄**です。飲食系や雑貨系の企業なら株主優待の新設も期待できます。

もし本当にそうしたIRが出てくれば、それをきっかけに循環物色の波が一気に巡ってくる可能性があるのです。

そして、上場市場で言えばやはり**マザーズかジャスダックの銘柄**です。これらの市場にIPOした企業で、**時価総額がマザーズなら200億円以下、ジャスダックなら100億円以下、**さらに**市場からの吸収額がマザーズなら30億円以下、ジャスダックなら20億円以下、**という条件を満たしている企業であれば、まず間違いなく循環物色の対象になります。

ほか、せっかくIPOしたのに他の銘柄に人気を奪われていて、**上場後あまり値が動いていない銘柄**、というのも注目していいでしょう。特にその銘柄にVSリスクがあまりないのであれば、循環物色の波がそのうち巡ってくる可能性が高いはずです。

あとは**上場している同業他社がほかにはない銘柄**というのも、注目していいと思います。

さらに、**上場来高値を更新した銘柄**というのも、注目すべきサインになることがあります。IPO直後にいったん上場来高値をつけてからピークアウトし、下落してしまったけれど、その後、また何か材料が出てきて株価が持ち直し、上場来高値を更新してくれれば、目先の天井を抜けてそこから先は節目のない青天井になります。そういう銘柄は、買い付けを検討してみてもいいはずです。

このように、**すでに解説してきたさまざまな手法や視点を組み合わせ、次に循環物色の波が巡ってくる銘柄を予想して、そこに先回りすることを意識**してください。

こういう銘柄はダメ！

当然ながら、先ほど述べたのとは逆の条件を持っている銘柄が、循環物色の波が巡ってきにくい、避けるべきIPO株となります。

まずは、**東証1部へ直接IPOした銘柄**です。

東証1部へ直接上場する企業は、証券取引所によってかなり厳しい要件を満たすことを求められるため、そもそもそれほど数が多くありません。また、たまにあったとしても、循環物色の対象にはならないことが多いです。

その最大の要因は、値動きが重い傾向があるためです。東証1部への上場要件によって、かなり大きな時価総額が求められるため、仮に短期筋の投資資金がドッと入ったところで、こうした企業の株価はほとんど動かないのです。

最近では、2017年3月に上場した**スシローグローバルホールディングス（3563）**や、同年4月に上場した**LIXILビバ（3564）**、なども、やはり循環物色の対象外でした。

全体相場が好調な場合などには例外的に物色されることもありますが、リスクを避けるのであれば、原則として東証1部へのIPO株は避けたほうがいいでしょう。

さらに、**東証2部へのIPO株**も避けたほうが無難です。東証2部には、成長性がそれほど高くない安定企業や老舗企業が上場するケースが多いため、上場直後から1、2か月程度のあいだの循環物色の対象にはなりにくいのです。

ただし、より長期的な視点で見れば、こうしたIPO株を買える場合もありますので、そうしたケースについては別途後述しましょう。

ほか、**出来高があまりない銘柄**も避けるべきでしょう。出来高がないということは、そもそも物色されていない、ということだからです。

値動きのズレを上手に利用したい

例として、2017年4月にIPOした銘柄の値動きをまとめて見てみましょう。

この月には、全部で5銘柄のIPOがありました。上場順に**テモナ**（マザーズ／3985）、**ウェーブロックホールディングス**（東証2部／7940）、LIXILビバ（東証1部）、旅工房（マザーズ）、**アセンテック**（マザーズ／3565）です。

このうちテモナは4月6日に上場し、初値はかなり高くつきました。しかし、北朝鮮による地政学リスク発生の影響で全体相場が下落し、その影響を受けてすぐに急落してしまいました。ところが、数週間経って5月に入ると再度評価されて、しばらく値上がりする動きが見られたのです。この動きこそが、まさに「循環物色の波」です。

2017年5月は**IPO空白月でしたから、前月にIPOした銘柄のうちの出遅れ銘柄、特**

に前月の前半に上場した銘柄が物色された、という流れがあったのでしょう。

前月の後半に上場した銘柄は、まだ上場直後の値上がりが続いている場合もあるので、前月前半の上場でいったん値動きが落ち着いた銘柄に、物色の波が戻ってくるケースがよくあるのです。

次のウェーブロックホールディングスは、決算が意識されてから物色の対象になりました。この会社は東証２部へＩＰＯしたので、本来なら循環物色の対象にはならないのですが、同社の場合は好決算の発表が意識されていたため、例外的に物色されたようです。

ＬＩＸＩＬビバについては、すでに少し触れたように東証１部の案件で、時価総額もかなり大きく、初値も公募割れしてしまったＩＰＯ株です。当然、循環物色の対象にもなりませんでした。

旅工房については、上場直後に値上がりしました。前述したように、私自身もまず「即金規制明け狙い」の手法で売買しています。

私が売却したあと、株価は急落したのですが、引き続き様子を見ていると、業績の進捗率から5月には上方修正によるＩＲブレイクがあるのではないか、という期待が出てきました。私も、もしそのようなＩＲが出れば循環物色されるきっかけになるのではないかと予想し、４６００円のところで再度買いに入っています。

残念ながら、同社株については思惑が外れ、その後に大きく値下がりしてしまったのですが、一時的に循環されて物色されるのを待つ手法であれば、上場来高値からの急落狙いの手法のように本当に大きく下げるのを待つのではなく、**短期的に2、3割下げたところで拾いにいく方法もある**、というわけです。

最後のアセンテックという銘柄は、上場日にストップ高し、その後はずっと株価が横ばいになりました。しかし、ほとんど材料がないのに、その後なぜか再度物色されます。

この株については、恐らくは同社株が4月最後のＩＰＯだったので、翌5月のＩＰＯ空白期における循環物色の対象になったのでしょう。実際に、６月に入って次のＩＰＯが近づいてくると、株価の動きも落ち着いていきました。

●4銘柄のチャートの比較

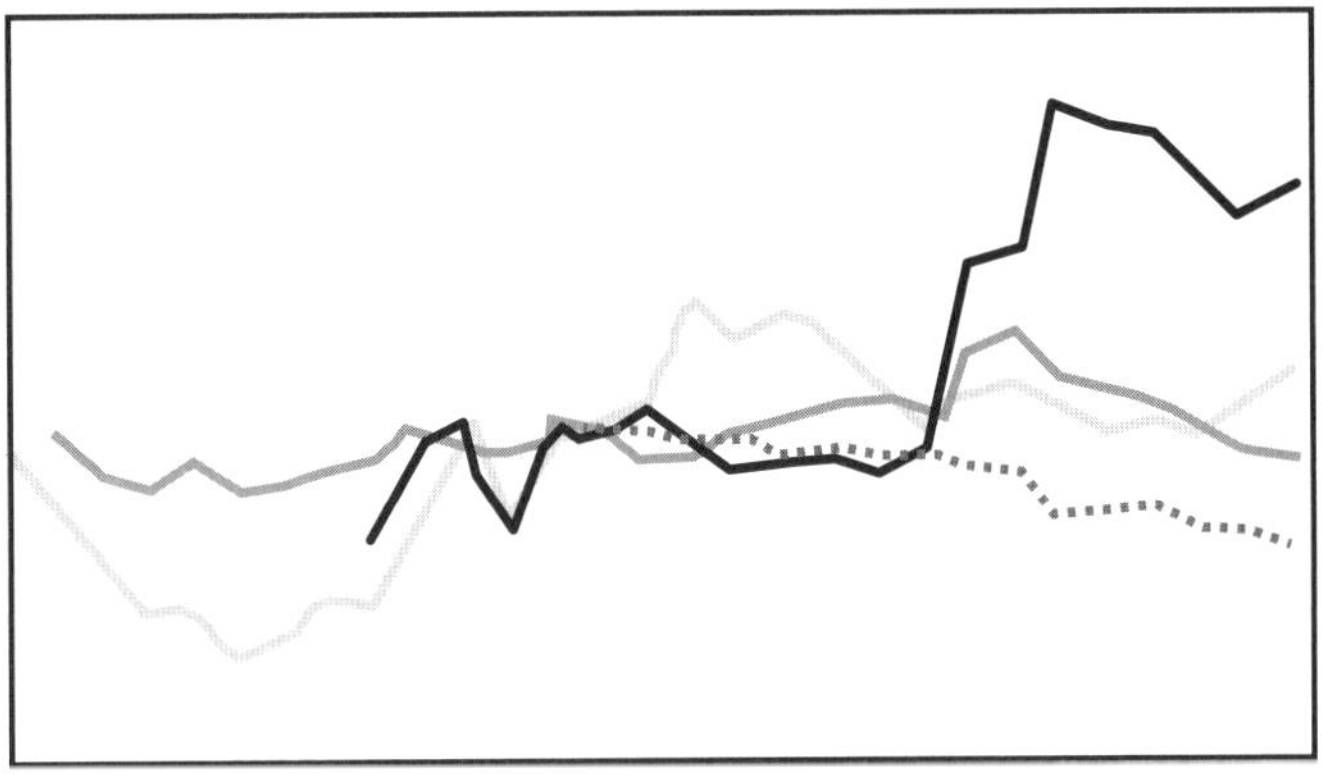

上図は、ＬＩＸＩＬビバを除いた4銘柄についてその値動きを指数化したものですが、**値上がりの山や、値下がりの谷が重なり合わずに交互に現れている**ことが見て取れるのではないでしょうか。

同時期のＩＰＯでも、値動きにはかなりばらつきがあるので、その値動きの流れを乗り継いでいくことを目指すわけです。

事例検証　ほぼ日（3560）

この循環物色のノウハウについても、事例を確認しておきます。

銘柄は前にも少し触れたほぼ日です。２０１７年3月16日、ジャスダックへの上場でした。

同社株について、私自身は上場前に公募で何百株か入手し、上場直後にさらに株数を増やしています。平

●ほぼ日（3560・ジャスダック）　日足

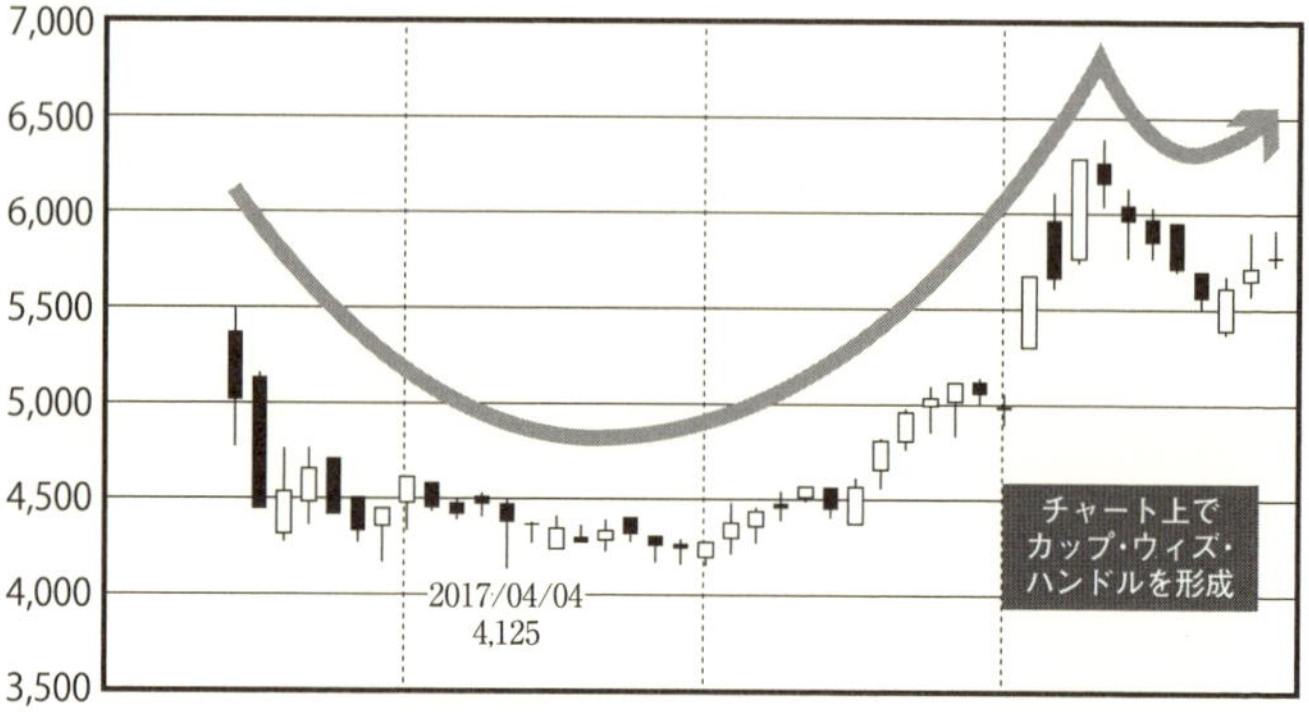

2017/03/16 上場　公開価格 2,350円 → 初値5,360円
→ 株主優待新設期待で購入
→ 平均買付単価4,993円 × 600株 → 循環物色で値上がり
→ 6,000円で全株売却

均買付単価は４９９３円で、合計６００株、投資総額としては約３００万円です。

ただし、これは循環物色を狙ったわけではなく、むしろ株主優待新設のＩＲを期待したものでした。

私は事前にＩＲの担当部門に直接問い合わせをしていて、そこまでしっかりした言質は取れなかったものの、「株主優待はいま検討している段階なので、期待して待っていてください」といった前向きな反応を得ていました。

前にも述べたように、優待を出すＩＰＯ企業は上場から半年以内にその発表をするケースが多いので、「６月ぐらいまでには出るかもしれない」と考えて購入していたのです。

それはともかく、同社株は上場後、しばらくのあいだ株価が低迷していました。およそ1か月は低迷が続いていたと思います。

ところが、5月の初めに**一部ファンドが同社株についての大量保有報告書を出し、それをきっかけとして一気に循環物色の波が巡ってきました。**

株価はチャート上で窓を開けて、IPO直後の上場来高値を超え、一時は6390円まで吹き上げました。

その後いったん値下がりしたものの、再び値を上げてきて、チャート上でいわゆる「カップウィズハンドル」という強い上昇サインを形成したのです。

私はこうした状況を受け、当初の株主優待の新設IRへの先回り戦略を捨て、6000円の節目で売却し、大きな利益を得ました。

資産配分、利益確定、損切りについては どう考えればよいのか？

投資に役立つ考え方ということで、この章の最後に資金配分と利益確定、さらに損切りの考え方について少し触れておきます。

とは言えこれらについては、読者各自の資産の大きさや、持って生まれた性格なども大きく関係してきます。正解はありませんから、あくまで参考情報として、私がどのように考え、行動しているのかを紹介しておきましょう。

1銘柄あたりの投資総額の上限をあらかじめ決めておく

まず、資金配分について。

私の場合、**1銘柄あたりの投資額をあらかじめ決めています**。強い確信がある場合には少し増やすこともありますが、それでも上限を定めています。

よく、投資で利益が出ると投資金額を増やす方がいますが、私の場合はいつも一定額になるようにしています。

自分が運用しやすい金額のほうが成功率も高いと思いますし、何か想定外のことが起きたときにも対処しやすいからです。

利益確定と損切りも一定の基準で行う

そして利益確定については、**利益が乗ってきたら、様子を見ながら、できるだけ段階的に行っていく**ように意識しています。

ただし相場の状況によっては、先安感があるようなら一気に利益確定する場合もあります。

逆に思惑が外れたときには、**含み損が一定の金額を超えてきた段階で、特別な事情がない限りは損切りする**ようにしています。

これにも理由があって、一定額の損であれば、ほかのＩＰＯ株のセカンダリー投資ですぐに取り返せるだろう、という自分の中での理解や確信があるからです。年間80～90件のＩＰＯがあるのですから、何かしらほかでチャンスがあるため、そちらで取り返したほうが早いと考えているわけです。

また、負けを認められずに塩漬けにしてしまい、含み損を100万円とか200万円といった大きな金額にしてしまうと、さすがに多少は心理的なプレッシャーを感じますし、その投資資金がその間、長く拘束されてしまうことになります。

ある程度の基準を設けて、そこを下回ったら機械的に損切りするようにすることで、そうした事態に陥るのを避けているのです。

私のケースを参考に、読者のみなさんも**一定の基準を設けて、その「自分ルール」に常に従う形で投資をしていく**ことをお勧めします。

それこそが、一度の大失敗で市場を退場することなく、長く利益を重ねていくための秘訣のひとつではないか、と私は思っています。

第5章

IPOセカンダリー投資

【応用編】

東証1部の銘柄は、厳選したうえで「TOPIX組み入れに先回り」して儲ける

最後に、IPOセカンダリー投資に関する応用編として、ここまではセカンダリー市場での投資は避けるべきとしてきた東証1部へのIPO銘柄に、どのように投資すればよいのか、さらに、その他のIPOセカンダリーに関連する手法をいくつか紹介して、この本を締めくくりたいと思います。

時価総額が大きいので、急激な値上がりはまずしない

東証1部への直接のIPOというのは、前述したように上場の要件が厳しいため、年間でも数社、多い年でも10社あるかどうかです。そのため、まず**売買ができる機会がそれほどありません。**

また基本的には大企業が上場する市場ですから、**直接に東証1部へとIPOしてくる企業は**

すでに時価総額が大きく、株価が短期間のうちに2倍や3倍になるケースもほぼありません。

たとえば、近年の東証１部への直接ＩＰＯ銘柄としては話題性が抜群に高かった、２０１６年７月の**LINE（3938）**のケースでも、公開価格３３００円に対し初値は４９００円で初値騰落率はおよそ48％、本書執筆時点までのその後の高値も５４５０円で、初値からの騰落率は11％程度です。株価５０００円前後での同社の時価総額は１兆円を超えてきますから、この程度の騰落率でも、私は過熱感を感じていたほどです。

いずれにせよ、同社ほどの話題の会社であっても、時価総額が大きいとセカンダリー市場で短期間のうちに株価が大きく上がるのは難しい、ということがわかってもらえるはずです。

さらに、東証１部へ直接ＩＰＯしてくるような企業では、成長性の面でもすでにある程度成長してしまっていて、今後の伸びしろは少ないケースが多い、ということも言えるでしょう。

これらのデメリットから、前章までに述べたように、基本的にはＩＰＯセカンダリー投資では東証１部へのＩＰＯ株は狙わないわけです。

リスクを分散できるメリットがある

では、逆に東証１部へのＩＰＯ株にメリットはないのか、と言うと、それはもちろんそれなりにあります。

ひとつには、**安定していて値下がりリスクが限定的**なこと。

マザーズやジャスダックへのＩＰＯ企業では、まだ会社が小さいので、何か大きなつまずきがあると短期間のうちに株価が上場直後の数分の１にまで下がってしまう、という危険性が常に存在します。なかには数年のうちに上場廃止になってしまうようなケースもあります。高いリターンを期待できる分だけ、リスクも高いのです。

それに対して、東証１部へ直接ＩＰＯしてくるような企業というのは、企業に体力があるため、多少のつまずきがあっても極端な値下がりはしにくい傾向があります（もちろん、する場合もあります）。いくつもの事業を持っていたり、すでに利益を稼ぎ出す仕組みを完成させて既得権益化していたり、さらには内部統制やガバナンスもしっかりしていたりするので、いきなり上場廃止になるようなこともほとんどありません。

マザーズやジャスダックへのＩＰＯ株に比べると、ローリスク・ローリターンの性質があるため、自分の投資ウェイトがハイリスク・ハイリターンの方向に偏りすぎないよう、東証１部へのＩＰＯ株にも投資することで、全体でバランスを均《なら》せる、というメリットはあるはずです。

また、詳しくはこれから述べますが、東証1部へのＩＰＯ株では機関投資家の巨額の資金が動く**「ＴＯＰＩＸへの組み入れ**（「採用」とも言う）」というイベントが必ず起こるため、**リスクの低い銘柄を厳選したうえでそのイベントに先回りすれば、高い確率で確実に利益を積み重ねていける**、というメリットがあります。大きな利幅は取れないかもしれませんが、かなり高い確率で儲けることはできる、ということです。

さらにこうした手法で東証1部へのＩＰＯ株にも投資できるようになれば、**1年のなかでＩＰＯのセカンダリーに投資できる機会が増える**、というメリットもあるでしょう。

加えて言うと、東証1部へ直接ＩＰＯする銘柄というのは、プライマリー市場の公募の際にもあまり人気がないケースが多いため、あえて抽選での当選や裁量による配分を狙っていくと、上場前に多くの株を入手できる可能性が高い、というメリットも挙げることができます。

ただしこのメリットは、プライマリー市場での公募投資法に関することなので、本書では触れるだけに留めておきます。

デメリットも多いものの、このようにメリットもいくつか存在しているため、東証1部へ直接ＩＰＯしてくる銘柄にも投資できるようにしておくことは、十分に意味があるのです。

チェックすべきポイントはそれほど変わらない

とはいえ、東証１部へ直接ＩＰＯしてくる銘柄のすべてに投資できるわけではありません。これらの銘柄は、時価総額が大きいゆえに公募割れしたり、上場直後から値下がりしたりする場合も少なくありませんから、投資先については厳選する必要があります。

では、どうやって選べばいいかと言うと、**初値指数の判断の際に注目するのと、ほぼ同じ要素に注目して選びます**。次のように判断してください。

［沿革］

初値指数の判断の際には、創業後何年で上場してきたかを重視しましたが、東証１部へのＩＰＯの場合は、大抵は創業から何十年も経っているので、創業後の年数は参考にする程度でかまいません。

むしろ、**最近に企業名の変更をしていないか**、また**再上場ではないか**、の２点について注目しましょう。東証１部へ直接ＩＰＯしてくる銘柄では、そのような事例が少なくないからです。

たとえば、２０１６年６月に上場した**ソラスト**（**6197**）は、「日本医療事務センター」という社名を２０１２年に現在の社名に変更しています。

また、１９９２年にジャスダックに上場し、その後東証２部へと昇格したものの、２０１２年にＭＢＯ（Management Buyout：経営陣による買収）によって上場廃止しています。その４年後に、今度は新社名で東証１部へ再上場してきた、という形です。

ＭＢＯというのは経営陣による買収ですから、意地悪な見方をすれば、「いったんは自主的に上場廃止したのに、名前を変えて再上場して、もう一度市場から資金調達をしたいだけなのではないか？」と見ることが可能です。

たとえ会社側がそういう意図を持っているわけではなくとも、多くの投資家がそのように考えてしまうので、敬遠される結果となります。

実際、このＩＰＯは公開価格１３００円に対し初値１２２２円と公募割れに終わり、その後、株価が公開価格の水準を回復するまでにも半年以上の時間がかかっています。

社名変更に関しては、２０１６年10月に上場した**KHネオケム**（**4189**）も、上場の数年前に「協和発酵ケミカル」から社名変更をしていて、公開価格１３８０円に対して初値１３０６円と公募割れに終わりました。公開価格水準までの株価回復までに半年以上かかっている点も同じです。

同社のケースなども、会社にしてみれば前向きな意図での社名変更だったと思うのですが、それによって認知度などが低下し、ＩＰＯでは冴えない結果を呼び寄せてしまった、と考えられます。

また再上場に関しては、２０１７年３月のスシローグローバルホールディングスや**マクロミル（３９７８）**、同年４月のＬＩＸＩＬビバなども再上場で、いずれも公募割れでした。

その後、中長期的には値上がりしている銘柄もありますが、いずれも上場直後には、しばらくのあいだ弱い値動きが続きました。

このように、**社名変更や再上場といった要素は、東証１部のＩＰＯセカンダリー投資においては、特に避けるべき要素となります**。必ず、会社のホームページで「沿革」のページを確認することを心がけてください。

［公募売出比率］

また、公募売出株の比率も重要です。**売出株１００％の場合や、それに近い割合のＩＰＯでは、初値と同様にセカンダリーでも弱い値動きとなるケースがほとんど**だからです。

たとえば、右にも社名を挙げたマクロミルの場合には、今回の再上場にあたっての公募売出数が全部で２７００万株ほどでした（オーバーアロットメント分を除くと実質２５００万株前後）。このうち公募株は48万７０００株で、全体のわずか１・８％。対する売出株は２５００万株で、全体の92・６％にものぼりました。

これは、同社が今回の再上場にあたり、会社に直接資金が入ることになる新株を発行したのは48・７万株だけで、それ以外は既存の大株主が持ち株を一般投資家に売って、利益を手にしている、という意味です。

こういうＩＰＯは市場でもあまりよい評価をされませんから、見送ったほうがいい案件になる、ということです。**特に東証１部への直接のＩＰＯではその傾向が強くなる**ので、公募売出比率については要注意です。

［事業内容や話題性］

事業についての知名度や話題性がない会社も危険です。

東証1部にいきなり上場するくらいですから、それなりに成功している会社ばかりなのですが、業務内容がＢｔｏＢの対企業向けサービスであったりすると、一般の人にはどんなことをしている会社なのかあまり知られていないケースがよくあります。

たとえば先ほども例に挙げたソラストやＫＨネオケムなどは、社名変更もあって、ＩＰＯ時にどんな会社かほとんどの投資家がすぐにはわかりませんでした。これも、両社の初値やその後の株価が、低迷してしまった要因のひとつだったのでしょう。

［業績］

ほか、東証1部に直接上場する企業では、**直近の数年間の業績がきちんと増収増益基調を維持しているか**も、極めて重要な判断基準となります。

業績が低迷していると、ただでさえ人気化しにくい東証1部へのＩＰＯ株では、初値やその後の値動きも芳しくない結果となりやすいからです。

TOPIXに連動する投資信託やファンドの動きを意識する

こうした基準で厳選した東証１部へのIPO株は、上場後に必ず発生する「TOPIXへの組み入れ」というイベントに先回りするように購入すれば、手堅く利益を得ることができます。

そもそも「TOPIX」というのは、「**東証株価指数**（Tokyo Stock Price Index）」のこと。東京証券取引所が、東証１部に上場している全企業の時価総額を加重平均して、指数化しているものです（浮動株基準）。１９６８年１月４日を基準日とし、この日の時価総額を１００ポイントと定めて、その後の時価総額の推移を指数化しているのです（取引時間中は１秒ごとに再計算）。

おなじみの「日経平均株価」が、東証１部のなかでも代表的な上場企業２２５社だけの平均値であるのに対し、**TOPIXは東証１部に上場している企業すべてが対象**であるところが大きな違いです。

そして、この**TOPIXに関しては、この指数に連動するように運用することを謳っている投資信託やファンドが多数存在します**。そうした投資信託を運用している機関投資家やファンドマネジャーは、このTOPIXと同じ構成になるように自社の投資信託やファンドを組成していくのが仕事となるわけです。

さて、その仕組み上、TOPIXは東証１部に新たに上場した企業も、順次その計算対象に組み入れていきます。これが「TOPIXへの組み入れ」です。

そして**TOPIXへの組み入れが起こると、先ほど述べたTOPIX連動型の投資信託やファンドは、その企業の株を機械的に購入していきます。**なぜなら、そうしないとTOPIXに連動した運用ができないからです。

こうしたTOPIX連動型の投資信託やファンドの規模は非常に大きく、個人投資家の資金とは比べものになりません。そのため、こうした**TOPIXへの組み入れの際には、時価総額が大きな東証1部銘柄であっても、一時的に株価が値上がりする傾向があります。**

そこに先回りして、値上がりしたところでこうした機関投資家に売って、利益を確定していくというのが、この「**TOPIX組み入れに先回り**」する手法の基本的な考え方です。

買いと売りのタイミングがすべて

この手法では、買いに入るタイミングが重要です。

東証1部に新たに上場したからといって、その銘柄がすぐにTOPIXへ組み入れられるわけではありません。そのため買い急いでしまうと、買い需要が発生する前に大きく値下がりしたりして、組み入れ前に多少戻したとしても含み損をカバーしきれない、といった失敗をしかねません。

組み入れは上場の翌月末というのがルールです。

たとえば４月15日に上場したなら、翌月末の５月31日の１日前、５月30日の終値で、翌５月31日からＴＯＰＩＸへ組み入れられます（５月30日、31日がどちらも営業日の場合）。

このタイミングに合わせて、買い需要が発生し始める頃を見計らって買いに入りましょう。より具体的には、**組み入れの１週間くらい前から買いに入ると、一番手堅く儲けられます。**

組み入れが月末にあり、大口の機関投資家からの買い需要は、大体その１週間ぐらい前から断続的に発生してきます。よって、月末１週間前のタイミングで買っておけば、組み入れにかけての値上がりの流れに乗れる、というわけです。

ただし、例外的な買いのタイミングもあります。

全体の地合いが悪かったり、何か材料があったりして、**当該銘柄の株価が急落して上場翌月に入っても軟調な状況が続いている場合には、その月の上旬から、何回かに分けて打診買いをしていく、という買い方でも問題ない**でしょう。

この場合には、そうしたほうが買い付けの平均単価を安くできる可能性があります。

なお、この場合に買いに入っていく下落率は、高値から20～30％下のところを目処にするといいでしょう。東証1部のＩＰＯ株では、マザーズやジャスダックの銘柄のように40％や50％、ときには60％も下落するようなことはまずありませんから、20～30％値下がりしたら、そこからさらに下にいく可能性はそれほど高くないと見ていいはずです。

そして、この手法では売るタイミングも大切です。

月末にかけて実際に株価が上昇してきたら、**必ずＴＯＰＩＸへの組み入れイベントが発生する前に売り、利益を確保して手仕舞いする**ようにしましょう。

組み入れに連動した大口の買い需要が発生するのは、実際の組み入れの前だけで、このイベントが過ぎると、もうその需要はなくなってしまいます。

イベント通過でいったん値を下げるケースもよくあるので、余計な欲はかかず、遅くとも組み入れの前日のうちには売却することが大切です。

東証1部昇格銘柄にも同じルールが適用される

ここまでに解説した、上場からＴＯＰＩＸへの組み入れまでの値動きに関する典型的なイメージを図式化すると、左図のようになります。

●東証１部への直接上場銘柄の典型的な値動き

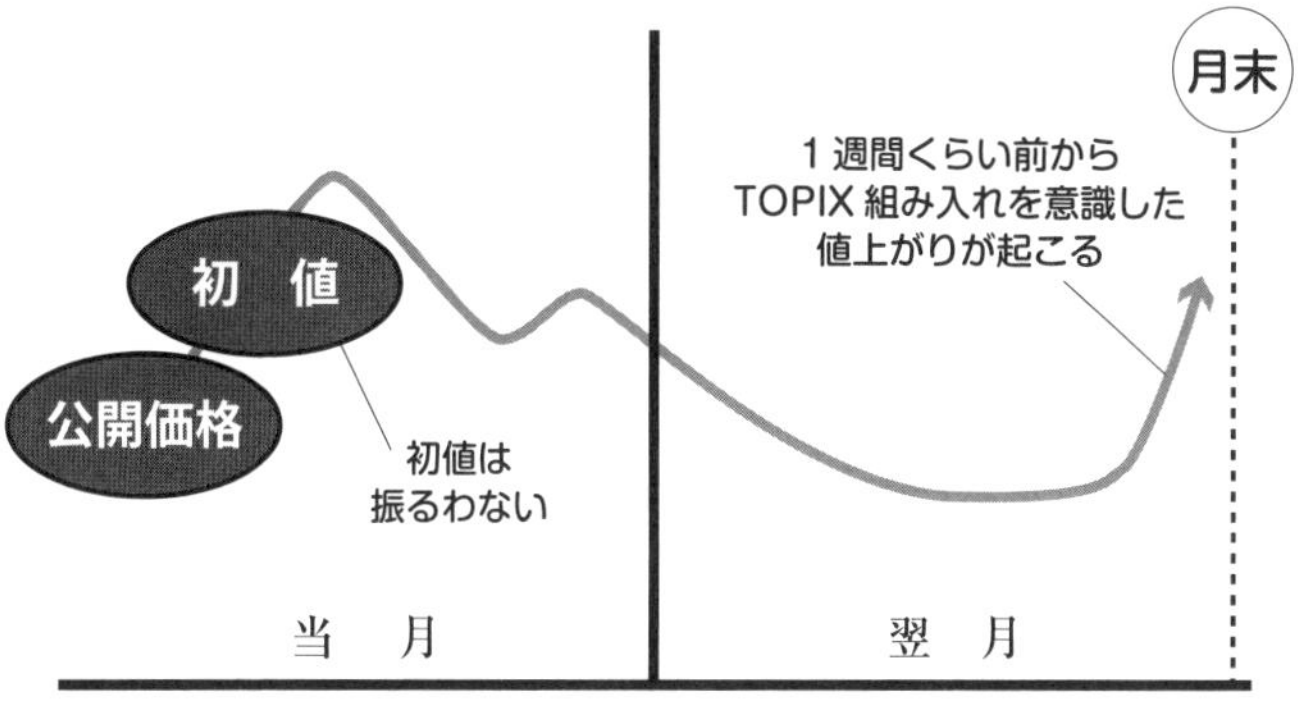

これを見るとわかるように、上場から実際の買いのタイミングまでにはかなりの時間的猶予があります。ゆったりと取り組むことができるので、この手法は日中に時間を取りにくい兼業投資家の方などにも、お勧めの手法です。

なお、**東証１部に直接ＩＰＯした銘柄だけでなく、マザーズやジャスダック、あるいは東証２部や地方市場から東証１部へと昇格してきた銘柄に関しても、このＴＯＰＩＸへの組み入れのルールは同様に適用されます。**

そのため、これらの銘柄についてもある程度は同じ手法で対応できますから、それらの銘柄と東証１部への直接ＩＰＯの銘柄とを組み合わせ、ポートフォリオをつくって買っていくことで、全体のリスクを低減させる、ということもできるでしょう。

ただし、東証1部にやってくるまでにいろいろな経緯を経てきた昇格銘柄よりも、**直接に東証1部に上場してきた銘柄のほうが、株主構成が単純なためか、ここに紹介したようなTOPIX組み入れに向けた値動きが顕著に出る傾向があります**。よって、確実にこの値動きを取っていきたい場合には、あえて東証1部へのIPO株だけに絞る、という選択もできるでしょう。

事例検証 オークネット（3964）

事例を確認しましょう。

オークネット（3964）は、2017年3月29日に東証1部に直接上場した会社です。中古車や中古パソコン、中古ブランド品などのネットオークションを主に手がけています。

公開価格は1100円、初値は1300円。初値騰落率は18％と低調で、上場月である3月中は1200～1350円のレンジを推移して終わりました。

3月に上場していますから、4月の最終日にかけて、TOPIX組み入れのイベントがあります。そのため、私は4月末にかけて値上がりしていく傾向があると予想して、4月上旬に平均単価1200円で1000株を買い付けました。

予想どおり、同社株はTOPIX組み入れへの期待から4月4日に当面の底値1163円を

●オークネット（3964・東証1部）　日足

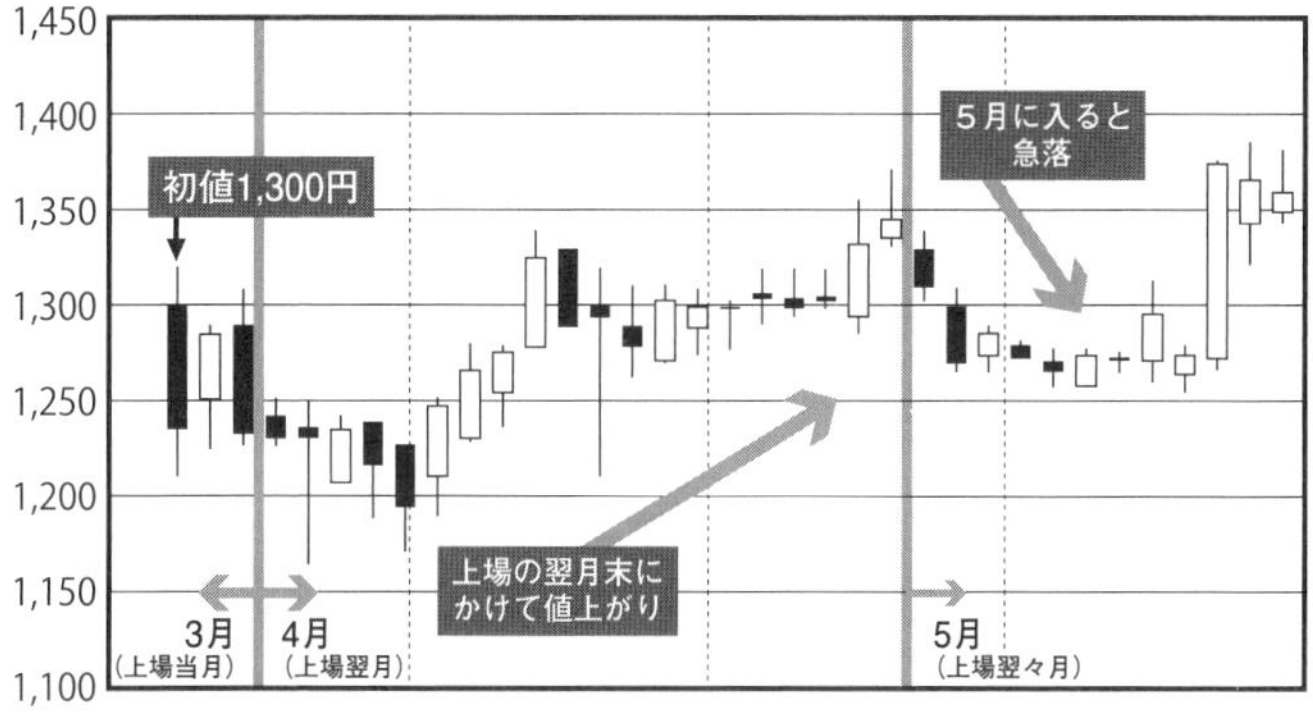

2017/03/29 上場　公開価格1,100円 → 初値1,300円
→ TOPIX組み入れを意識
→ 平均買付単価1,200円 × 1,000株を購入
→ 1,300円で全株売却　+100,000円

つけ、月末にかけて最大１３４５円（４月28日）まで値上がりしていきました。

この過程で、私は少し早めに１３００円ちょうどで売却しました。４月下旬に予定があり、株価を集中して見られない期間があったので、「１００円の値幅が抜ければいいや」と売却してしまったのです。**投資総額は１２０万円、１週間程度の保有期間で、10万円の利益**でした。

チャートを見ると、ＴＯＰＩＸ組み入れに向けた値動きの傾向が、きれいに出ているのがわかるかと思います。５月に入ってからの急落にも注目してください。

「東証REIT指数への組み入れ狙い」でREITのIPOも買える！

IPOセカンダリーの関連手法として、株式ではなくREIT《リート》（Real Estate Investment Trust：不動産投資信託）のIPOを買う手法も紹介しておきましょう。

これも年に数件とそれほど投資機会が多くはないのですが、勝率は非常に高い手法なので、知っておくと役立つと思います。

株式と同じように取引できる

REITは不動産だけに投資をする投資信託ですが、他の上場投資信託と同じように、株式市場に上場し、株式と同じように売買できる銘柄が多くあります。こうしたREITが新規に上場することを、IPOと呼ぶのも同じです。

事前にブックビルディングや投資家からの申し込み、抽選による配分などがあるのも同じですから、ほとんど株のＩＰＯと同じ感覚で投資できるのです。ただ、ＲＥＩＴだからという理由でほとんどの投資家が物色の対象外としているので、狙い目の投資対象と言えるでしょう。

ボラティリティが小さいことは理解しておく

ただし、**ＲＥＩＴはＩＰＯ後のセカンダリーで大きく値動きする投資対象ではありません。**その性質上、時価総額が非常に大きく、小規模なＲＥＩＴでも１００億円以上、大きなものでは１０００億円上の時価総額があるため、ちょっとやそっとの資金では価格が大きく動くことがないのです。

また不動産の運用を主目的にしているため、不動産投資の性質上、安定的な収入はあってもドンドン運用額を増やしていく、というビジネスモデルにはなっていません。

こうした理由で、たとえＩＰＯ直後であっても急激な値動きは期待できないので、大きく稼ぐことを狙う、というよりは、**着実に小さな利益を積み重ねていく、というイメージの投資対象**となります。この点はあらかじめ理解しておいてください。

成功率は驚きの高さ

それを理解したうえで、どのようにすればＲＥＩＴのＩＰＯで儲けることができるのか？

これは基本的には、東証1部ＩＰＯ銘柄でＴＯＰＩＸ組み入れのイベントに先回りするのと、同じ考え方をします。

すでにＲＥＩＴだけでもたくさんの銘柄が東京証券取引所に上場しているため、それらの値動きを指数化した「**東証ＲＥＩＴ指数**」というものが存在します。指数への組み入れルールはＴＯＰＩＸとほぼ同様、東証ＲＥＩＴ指数に連動した運用を行う投資信託やファンドがあるのも同じです。

ここまで言えば、もうおわかりになるでしょう。**東証1部へのＩＰＯ株と同じように、ＲＥＩＴのＩＰＯ銘柄も、上場月の翌月末のタイミングに合わせて買えばいい**、ということです。

ＲＥＩＴのＩＰＯ銘柄では、東証1部へのＩＰＯ株よりもさらに明確に、指数への組み入れ需要が価格に反映される傾向があります。そのため、この手法の成功率には非常に高いものがあり、実際、２０１６年と２０１７年に東証に上場したＲＥＩＴついては、理論的にはこの手法で全勝することが可能でした。

●投資法人みらい（3476・東証）　日足

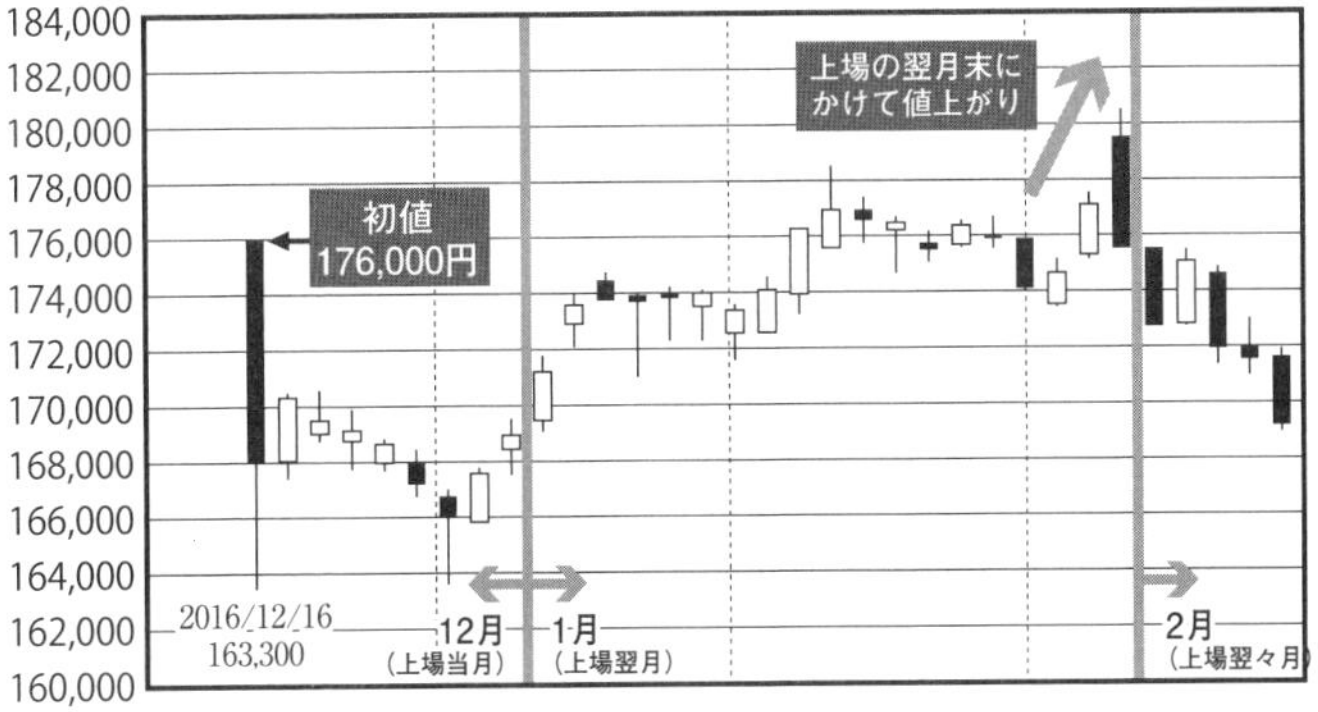

2016/12/16 上場　公開価格 183,000円 → 初値176,000円

事例検証　投資法人みらい（３４７６）

事例を確認しておきましょう。２０１６年12月に上場した**投資法人みらい（３４７６）**です。この銘柄では、先ほど述べたような値動きが特にきれいに出ています。

12月16日に上場ですから、翌２０１７年の１月末に東証ＲＥＩＴ指数への組み入れがあります。

チャートを見ると、上場直後には比較的大きな値動きをして、その後には一時的に値下がりした局面もありました。しかし1月に入った途端に、指数への組み入れ期待でどんどん値上がりしていくのが見て取れるかと思います。

実際に指数への組み入れが行われる1月31日の前日に、当面の高値となる18万７００円をつけ、その後は急落していることも見て取れるでしょう。

指数への組み入れ期待の値動きも顕著に出るけれど、そのイベントが通過したあとの値下がりの動きも、同様に顕著に出る、ということです。

期待できる利益幅は5%程度

事例を確認してもらうとよくわかるように、**この手法は大変手堅いものの、狙える値幅はそれほど大きくありません。**

1口ごとの単価も大きく、値動きもそこまで大きくないため、100～200万円の投資で大体10万円前後の利益、というのが平均的な期待値となります。利益幅で言うと、5%から最大でも10%程度が限界です。

もちろん、投資金額を増やせばもっと大きな利益額を狙うこともできますが、前述したように私は1銘柄あたりの投資金額を一定にしているので、現状では細かく利益を積み重ねるのに使っている、というわけです。

「IPO先取り戦略」でIPO以外の銘柄も買える！

高騰必至のIPO株に、間接的に事前に投資する

最後に、近々上場する予定の企業に関連する銘柄を、実際のIPOより先に購入する手法についても触れておきます。

これは、**特に期待されているIPO予定の企業に関連して、事前にその企業の未公開株を持っている企業の株を買っておいたら、上場前後に物色されて、儲かることがある**、という手法です。

たとえば、ここ数年上場が待望されている企業としてSpiberがあります。クモの糸と同じ構造の繊維を開発している企業で、上場したら大幅な値上がりは間違いなし、と見られています。

しかし、残念ながらまだ上場していませんから、この会社の株を買うことはできません。

ところが、そのSpiberの株を持っている企業であれば、もう上場しているので投資す

●Spiberが公表しているプレスリリース

報道関係各位

Spiber

2015/10/8

第三者割当増資により 95 億 8,416 万円を調達

～新世代構造タンパク質素材の大規模普及に向け事業加速～

Spiber（スパイバー）株式会社（代表執行役：関山和秀、本社：山形県鶴岡市覚岸寺字水上 234-1）は、新世代構造タンパク質素材の研究開発および大規模普及に向けた体制構築推進のため、Spiber と事業的シナジーのある事業会社を引受先とする第三者割当増資を実施し、総額 95 億 8,416 万円（株式会社ゴールドウインからの出資 30 億円を含む。その他引受先は非公開）を調達いたしました。増資後の資本金は 73 億 2,666 万円（資本準備金 73 億 1,666 万円）となります。

ることが可能なのです。

それは**ゴールドウィン**（8111）という会社で、第三者割当増資によって30億円の資金をSpiberに投資していることが公表されています（上図参照）。つまり、その出資分に見合うSpiber株を持っているということです。

ということは、仮にSpiberが首尾よく上場すれば、恐らく同社の株価は高騰するでしょうから、その株を持っているゴールドウィンの株価も上がるだろう、という連想が働きます。

そうした期待に対して投資する手法、ということです。

長期保有せざるをえないこともあるので注意する

ただしこの手法では、**IPOを期待されている企業が上場をしなかった場合、いつまでもその株を持っていなければならない**ので、リスクはかなり高くなります。

実際、例に挙げたＳｐｉｂｅｒなども、この数年は「今年こそは上場するのでは？」と言われ続けているものの、実際の上場に向けた情報はなかなか出てきていません（本書執筆時点）。そのため、早い段階で先回り買いをした人は、すでに数年は保有していることになります。こうした長期保有のリスクを避けるのであれば、ある程度、ＩＲなどで具体的な上場に向けた話が出てきた段階で買いに入る、という対応になるのですが、それだと狙える値幅も小さくなってしまいます。**大きな値幅を狙うのであれば、最低限上場の2か月くらい前には買っておきたい**ので、ハイリスク・ハイリターンを狙うか、ローリスク・ローリターンを狙うかは、先回り買いをするタイミングによってコントロールすることになります。

いずれにせよ、これはＩＰＯのセカンダリー市場での投資法ではないので、あくまでＩＰＯに関連した応用技として理解してください。

ここまで、ＩＰＯセカンダリー投資の手法や、関連する視点について細かく紹介してきました。これらの手法を今後の投資生活に役立て、大いに儲けてください。本書の著者として、それに勝る喜びはありません。

（終）

〈著者略歴〉

柳橋（やなぎばし）

個人投資家
新柳橋塾 塾長

◎――IPO投資や株主優待への先回り投資、インデックスの銘柄入れ替えへの先回り投資、独自のスクリーニング分析など、さまざまなイベント投資を行う個人投資家。

◎――大学卒業後、証券会社に勤務し、IPO担当や証券ディーラーを務める。その経験を活かし、独自の投資ノウハウを多数構築。2008年からは個人投資家として自らの編み出したノウハウで毎年、収益を得つつ、これまで延べ50,000人の投資家へ投資ノウハウを伝えている。

◎――2019年に独立。専業投資家として投資に専念する傍ら、IPO投資やイベント投資の塾として「新柳橋塾」を主宰。投資セミナーや講演などにも登壇する。

◎――趣味はドライブと旅行。お酒も好きでお気に入りのワインを自宅に多数保管。また、掃除が好きで家を常に清潔にしている。

◎――「柳橋義昭」名義での著書に『安定的に利益を出せる 先回りイベント株投資』（すばる舎）がある。

▶柳橋（IPO投資家）稚内ふるさと大使（Twitter: @yanagibashi01）
https://twitter.com/yanagibashi01

▶新柳橋塾
https://www.willow-llc.net/newy/index5.html

毎月２回のレポートと映像講座で、IPOやイベント投資、スクリーニング分析についてノウハウを伝える。受講生だけの限定SNSグループも好評（IPO投資／株主優待先回り買い／インデックス買い／東証一部昇格投資／公募増資／IPO以外の投資／決算戦略／地合いに応じた投資戦略／スクリーニング分析など）

いつでも、何度でも稼げる！

IPOセカンダリー株投資

2018年 3月10日 第1刷発行
2020年11月 6日 第4刷発行

著 者——柳橋
発行者——徳留 慶太郎
発行所——株式会社すばる舎
〒170-0013 東京都豊島区東池袋3-9-7 東池袋織本ビル
TEL 03-3981-8651（代表） 03-3981-0767（営業部）
振替 00140-7-116563
URL http://www.subarusya.jp/
装 丁——華本 達哉（aozora）
印 刷——図書印刷株式会社

落丁・乱丁本はお取り替えいたします

ISBN978-4-7991-0649-5